FE Y SANTIDAD
Para El Fin Del Mundo

En este libro analizaremos Cómo se han cumplido las diferentes profecías con respecto al pueblo judío y las naciones Durante los inicios del pueblo judío en el transcurso de estos últimos años y Las profecías que depara el futuro para el pueblo y para las naciones hemos visto varios puntos que han confirmado la veracidad de la Biblia y como éstas diferentes profecías que se estuvieron cumpliendo en el pueblo judío, estas maravillas y milagros como el hecho de que un mar se pudiera abrir por la mitad salir de la esclavitud de la ciudad más poderosa de aquel entonces, El sustento que tuvo en el desierto el pueblo judío durante más de 40 años sin que nada les faltara, junto con varias señales el hecho de que el tiempo o el sol fuera movidos de su lugar y qué hubiese nacido Cristo como dice la Biblia un Dios encarnado y hubiese resucitado para una esperanza de gloria ha sido parte de la historia y profecías de Las Naciones lo que nos permite en un momento dado llegar a comprender más a fondo qué la Biblia de los judíos Aunque ha sido transcritas en diferentes idiomas en diferentes épocas de la historia se ha constatado a través de la misma Biblia y de otros escritos de otras culturas que la Biblia siempre hablado con la verdad y que los hechos por extraordinarios que parezcan que narra la Biblia han sido reales.

En nuestros tiempos se están cumpliendo las ultimas profecías fortaleciendo la fe y el Credo, sus fundamentos no sólo se tratan de lo que hemos aprendido de las diferentes naciones con respecto a su historia y del pueblo judío, sino que también estamos presenciando en nuestros tiempos los milagros o profecías que se están cumpliendo en nuestra actualidad con relación al pueblo judío, Esto hace que al estudiar la Biblia, nosotros tengamos una mayor fe, esa fe una vez analizada a conciencia tiene que tener algunos fundamentos básicos y esos fundamentos básicos son reconocidos en las diferentes religiones como su credo, el cual nos lleva a analizar aquellos puntos sobre los cuales tenemos una convicción de lo que esperamos no sólo en la vida presente sino también para una vida eterna cómo un consuelo y una gran esperanza en nuestras vidas, cuando estamos conscientes de lo anterior tenemos tal fuerza que nos permite hacer lo correcto delante de Dios, familia, semejantes y de nosotros mismos, esto se podría Traducir Cómo tener una vida de santidad (individuo bondadoso que no tiene culpa alguna, la Etimología del término hebreo para "santidad" es kadesh o kadad "cortar, separar") y hacer lo que Dios Pide de nuestras vidas es tener una vida de santidad, ser apartado con un propósito, en este caso para Dios.

Índice:

Capítulo 1:

LA FE

Las profecías Mayas hablan de una nueva era que comienza con lo que ellos conocen como la Era del Jaguar, y dejan abierta la posibilidad de superar los malos tiempos que están por venir; pero los tiempos que nos esperan están perfectamente detallados en las profecías Bíblicas igual que las señales que veremos antes de que acontezcan muchas de las profecías. El problema es que mucha gente desconoce la relación entre las profecías y la fe; nuestra fe está fundamentada en el conocimiento de Dios y mientras más conocemos Su relación con el pueblo judío y el cumplimiento de promesas y profecías, más creemos.

El futuro para la humanidad está en sus propias manos, como lo dicen las profecías Mayas, pero el fin del mundo está determinado sólo por Dios y, a diferencia de las profecías Mayas, no es el mundo el que está en peligro, sino la salvación de las almas que no reconocen a Jesús como Salvador. Las señales de los últimos tiempos ya empezaron a manifestarse y van en aumento.

Los fundamentos del estudio del Credo son en gran parte complementados con los de la fe, el oír y escudriñar la palabra de Dios nos da un conocimiento que acrecienta la fe. Por citar algunos ejemplos empezaremos con la palabra de Dios o la Biblia, cómo se formó la Biblia con el Antiguo y Nuevo Testamento que ahora conocemos, las maravillas, milagros y profecías de los que habla la Biblia o por lo menos algunos de ellos, cómo están descritos en la historia y, por supuesto, nuestro Señor Jesucristo y cómo es conocido y difundido por la Iglesia Primitiva.

¿Que Es La Fe?

Hebreos 11: 1
Es, pues, la fe la certeza de lo que se espera, la convicción de lo que no se ve.

LA FE ES UN REGALO DE DIOS

Efesios 2: 4-10
Pero Dios, que es rico en misericordia, por su gran amor con que nos amó, Aun estando nosotros muertos en pecados, nos dio vida juntamente con Cristo (por gracia sois salvos), Y juntamente con él nos resucitó, y asimismo nos hizo sentar en los lugares celestiales con Cristo Jesús, Para mostrar en los siglos venideros las abundantes riquezas de su gracia en su bondad para con nosotros en Cristo Jesús. Porque por gracia sois salvos por medio de la fe; y esto no de vosotros, pues es don de Dios; No por obras, para que nadie se gloríe. Porque somos hechura suya, creados en Cristo Jesús para buenas obras, las cuales Dios preparó de antemano para que anduviésemos en ellas.

La Fe Es Por El Oír La Palabra De Dios

Romanos 10: 10-17
Porque con el corazón se cree para justicia, pero con la boca se confiesa para salvación. Pues la Escritura dice: Todo aquel que en él creyere, no será avergonzado. Porque no

hay diferencia entre judío y griego, pues el mismo que es Señor de todos, es rico para con todos los que le invocan; Porque todo aquel que invocare el nombre del Señor, será salvo. ¿Cómo, pues, invocarán a aquel en el cual no han creído? ¿Y cómo creerán en aquel de quien no han oído? ¿Y cómo oirán sin haber quien les predique? ¿Y cómo predicarán si no fueren enviados? Como está escrito: ¡Cuán hermosos son los pies de los que anuncian la paz, de los que anuncian buenas nuevas! Más no todos obedecieron al Evangelio; pues Isaías dice: Señor, ¿quién ha creído a nuestro anuncio? Así que la fe es por el oír, y el oír, por la palabra de Dios.

1ª Corintios 2: 11
Porque ¿quién de los hombres sabe las cosas del hombre, sino el Espíritu del hombre que está en él? Así tampoco nadie conoció las cosas de Dios, sino el Espíritu de Dios.

1ª Crónicas 28: 9
Y tú, Salomón, hijo mío, conoce al Dios de tu padre, y sírvele con corazón perfecto, y con ánimo voluntario; porque Jehová escudriña los corazones de todos, y entiende toda imaginación de los pensamientos. Si tú le buscares, lo hallarás; mas si lo dejares, él te desechará para siempre.

Juan 14: 17
Al Espíritu de verdad, al cual el mundo no puede recibir, porque no le ve, ni le conoce: mas vosotros le conocéis; porque está con vosotros, y será en vosotros.

Posible ubicación de la Tierra de Gosén / Fotografía del Nilo desde un satélite:

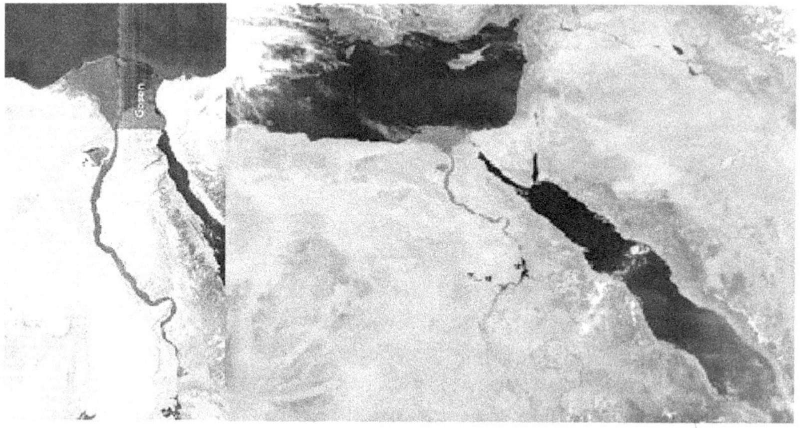

José, Conocido como "el soñador", fue el instrumento para llevar al pueblo escogido a Egipto. No sólo era elegido por Dios para ser líder de su casa (siendo de los hijos más

pequeños), sino que también quien salvaría de hambrunas durante 7 años a Egipto y gran parte de las poblaciones cercanas. Para esto, él fue vendido como esclavo por sus hermanos, tentado por la esposa de Potifar y pasó por más o menos 3 años de cárcel; pero tuvo fe en Dios y era obediente, donde quiera que él estaba aún en esas condiciones, que parecían tan adversas, era prosperado y llegó a ser el segundo del faraón, llegó a ser líder de su familia y también del pueblo Judío, fue el segundo en el poder en la tierra de Egipto (las bodegas hechas durante su administración aún existen en las ruinas de Egipto), pero al pasar el tiempo el pueblo de Egipto se olvida de todo lo que le deben a José y al pueblo judío y, al ver que los judíos los superan en número, les da temor ser conquistados por ellos y los hacen sus esclavos.

Habitaron la tierra de Gosén, en lo mejor de la tierra de Ramsés junto a los egipcios. La tierra de Gosén es un lugar o nombre mencionado en la historia Bíblica de José el patriarca, la Septuaginta presenta el nombre como Gesan. (Ver los mapas de Egipto).

Gosén/Gesem está a pocos kilómetros al sur de la antigua capital de Avaris (Egipcio: Hatwaret), donde fue construida la ciudad de Pi-ramsés. En la dinastía XII de Egipto, Avaris fue un gran centro administrativo, convirtiéndose después en la capital de la XIV y XV dinastías Hicsas de Egipto. Fue aquí donde José tuvo su casa. En Génesis 45: 10 Gosén parece haber sido la zona de Egipto cercana al palacio del faraón, en el delta del Nilo, quien residía una parte del año en Menfis. Kenneth Kitchen escribió que a la familia de José le fue asignada la tierra en Gosén. Así el pueblo judío, de acuerdo con las profecías de Dios, duró en Egipto 430 años, de los cuales yo calculo que estuvieron 300 años en esclavitud.

¿Por qué señalo los hechos anteriores? porque la Biblia hace mención de que vivían en Gosén y que, al caer las plagas sobre Egipto, ninguna tocó al pueblo judío, aun estando dentro del pueblo egipcio (mas adelante están anotadas las citas).

LAS PLAGAS Y LOS MILAGROS

Cuando Moisés vivía como hijo de la hija del faraón tenía todos los lujos y riquezas de un familiar de la corona; pasó 40 años viviendo bajo estos lujos y con toda la preparación cultural posible. Fue entonces cuando, por defender a judío, mató a un egipcio; al ser descubierto el asesinato tuvo que huir y se fue al desierto de Madián donde vive por 40 años bajo la guía del que se convirtió en su suegro, que era un sacerdote pagano y que de algún modo lo ayudo. Dios no permitió que durante este tiempo Moisés se desviara, por el contrario, todas las cosas le ayudaron a salir adelante hasta que recibe el llamado de Dios para liberar al pueblo judío de la mano de los egipcios. Parece ser que Moisés era tartamudo, por lo que no quería presentarse ante el faraón para pedirle que permitiera la salida del pueblo judío para que fuera a alabar a Dios al desierto, entonces Dios le da a su hermano Aarón para que lo acompañe pero Dios endurece el corazón del faraón y no los deja salir. Esto fue con el propósito de que Dios se manifestara fuertemente haciendo varios milagros (o plagas) sobre el pueblo egipcio hasta terminar con todo el ejército del faraón, hechos que ha sido conocido en la historia de las naciones, sobre todo en la historia del pueblo judío.

Son las cosas que pasaron durante esta liberación las que platicaré durante este capítulo con las citas bíblicas y datos históricos que confirman gran parte de los relatos con el fin de afirmar nuestra fe. Había profecías que hablaban de Moisés, que vendría para liberar a los judíos de los 300 años de esclavitud, y que dicha esclavitud habría venido por haber adorado a otros dioses o a figuras hechas por el hombre, aun cuando les dieran el nombre de Jehová o tuvieran la imagen de un hombre.

Como principio de los hechos, los judíos vivieron durante 300 años en esclavitud después de José el Soñador, pero vivieron a unos cuantos kilómetros de Egipto (en Gosén), en el lugar que les asigno el faraón; esto significaría que las plagas también tendrían que haber afectado a los judíos, sin embargo, el pueblo judío no fue afectado en nada, las plagas no afectaron su salud, ni a sus animales, ni sus plantíos, ni sus hijos. Al terminar las plagas el pueblo salió para adorar a Dios en el desierto. Una vez en el desierto, inmediatamente se presentó una columna de nube y de fuego (¿un remolino de fuego?); la nube durante el día los dirigía y daba sombra y el fuego por las noches les alumbraba.

Estamos hablando de 600, 000 hombres (sin contar mujeres y niños, porque en los tiempos en que se narra la Bibliase contaba sólo a los hombres) que salen de Egipto. La columna de fuego los guía por el desierto hacia el Mar Rojo pero, cosa curiosa, el pueblo judío ya estaba del otro lado del Mar Rojo en la entrada del desierto de Etam (Éxodo 13: 17-22), cuando Dios les dice que se regresen a Pi-hahirot porque el destruiría al ejercito de los Egipcios (Éxodo 14: 1-4). Esto demuestra que Dios ya tenía todo preparado desde el principio y estaba dispuesto a desaparecer al pueblo egipcio (los versículos están anotados más adelante). Al ser acorralado el pueblo judío por los egipcios, la columna se pone en medio del pueblo judío y de los egipcios, deteniendo a los egipcios mientras los judíos atraviesan el Mar Rojo en seco.

Dijeron algunos, en una revista, que el mar se abrió por el paso de un cometa "x", pero Josué hizo lo mismo, más tarde, cuando el Arca del Pacto cruzó el Jordán, después Elías, y posteriormente Elíseo, hicieron lo mismo, todos ellos abrieron mares o ríos. Si fuera el efecto de un cometa o de varios, seria en momentos muy precisos ya que, justo cuando los profetas pedían que se abrieran, estos se abrían, sin el uso de una vara como lo hizo Moisés, porque el poder no estaba en la vara, ni en el manto del profeta Elías, sino en la fe en Dios, en sus promesas y profecías sin importar su tiempo, como lo declara Elíseo.

Si fuera por efectos de cometas, aun así, es Dios el que tiene el poder para hacer que las cosas sucedan en el momento que Él lo disponga, pero quiero aclarar que son hechos tan aislados que no ha sucedido de nuevo en la historia de ningún otro pueblo o nación.

Si las plagas de Egipto no fueran suficientes milagros, el Señor les dio de comer pan (el Maná), durante 40 años. Este maná lo tenían que recoger todos los días y no guardar nada para el siguiente día. Si ellos guardaban el pan para el día siguiente, se echaba a perder y se agusanaba, pero el sexto día recogían doble porción para el séptimo día, el día de reposo y entonces sí se conservaba en buen estado. También les dio agua de una roca en más de una ocasión y purifico las aguas de lagos y fuentes que estaban envenenados; en fin, cuando se cansaron de comer pan, Dios les hizo caer del cielo codornices muertas hasta que se hartaron de comer carne; además sus ropas no se gastaron ni se les hincharon los pies en los 40 años que estuvieron en el desierto (esto también se detalla en las citas Bíblicas).

La columna de fuego los guió durante esos 40 años por el desierto y donde se paraba la columna, el pueblo armaba el templo y, en el Lugar Santísimo del templo, se situaba la columna porque ahí estaba la gloria de Dios. Al rededor del templo se armaban las tiendas donde vivía el resto del pueblo de los judíos. Cuando la columna se movía, el campamento y el templo se levantaban y continuaban su camino a la tierra prometida, travesía que duraría 40 años, ya que, por ser un pueblo necio y desobediente, les llevó mucho más tiempo del necesario.

Al salir el pueblo judío de Egipto la columna de fuego los guió hasta las orillas del Mar Rojo donde se dieron cuenta de que eran perseguidos por los egipcios. La columna de fuego que iba delante de los judíos tuvo que rodearlos para ponerse atrás, entre los judíos y los egipcios, para que estos últimos no pudieran matar a los judíos. ¿Que pretendo aclarar? que hasta que se abrió el Mar Rojo para que el pueblo judío pasara, la columna no se quitó de delante de ellos. La extensión de mar de la que estamos hablando era tan grande como mirar al horizonte y ver solamente una pequeña orilla de tierra; la Biblia no narra que se detuvieran a descansar, ya que el mar fue abierto por un gran viento oriental que sopló toda la noche, mas el pueblo egipcio sí se quedó a pasar la noche en medio del mar y al querer reiniciar la persecución en el amanecer, las ruedas de sus carros se afectaron (tal vez con relámpagos) desde la columna de humo; al ver esto los egipcios pretendieron huir por que reconocen que Dios estaba peleando por el pueblo judío pero ya era tarde porque Dios le dice a Moisés que cierre el mar y el mar se cerró con los egipcios en medio por lo que murieron todos, dice la Biblia que no quedo ni uno. Yo creo que era lógico que murieran todos los que estaban dentro, por la extensión tan grande del mar (aprox. 13 km de ancho) y por la cantidad tan basta de mar que se cerró sobre ellos (1. 5 km promedio de profundidad). En otras palabras, si alguno hubiera sobrevivido al golpe y a la presión del mar, tendría que ser muy fuerte y un excelente nadador para cruzar la extensión de mar que le quedaba por recorrer. Ver las fotos siguientes sobre algo parecido.

Podemos ver en esta vista satelital que la parte por donde paso el pueblo judío es poco más ancha que el Estrecho de Gibraltar. El Mar Rojo tiene un promedio de profundidad de 1. 5 km, y más de 13 kilómetros de ancho en la parte por donde el pueblo judío cruzó y puede verse desde el espacio.

Estas son algunas de las citas en las que están narrados los milagros que describí anteriormente y anoto los versículos para mayor comprensión y facilidad al lector, pero si quieren ampliar o escudriñar su Biblia, doy las citas Bíblicas, (estos hechos en su momento fueron una profecía y ahora son historia).

Éxodo 2: 11-12
En aquellos días sucedió que crecido ya Moisés, salió a sus hermanos, y los vio en sus duras tareas, y observó a un egipcio que golpeaba a uno de los hebreos, sus hermanos. Entonces miró a todas partes, y viendo que no parecía nadie, mató al egipcio y lo escondió en la arena.

Éxodo 3: 2
Y sele apareció el Ángel de Jehová en una llama de fuego en medio de una zarza; y él miró, y vio que la zarza ardía en fuego, y la zarza no se consumía.

Éxodo 3: 12-13
Y él respondió: Ve, porque yo estaré contigo; y esto te será por señal de que yo te he enviado: cuando hayas sacado de Egipto al pueblo, serviréis a Dios sobre este monte. Dijo Moisés a Dios: He aquí que llego yo a los hijos de Israel, y les digo: El Dios de vuestros padres me ha enviado a vosotros. Si ellos me preguntaren: ¿Cuál es su nombre? , ¿qué les responderé?

Éxodo 3: 19-20
Más yo sé que el rey de Egipto no os dejará ir sino por mano fuerte. Pero yo extenderé mi mano, y heriré a Egipto con todas mis maravillas que haré en él, y entonces os dejará ir.

Éxodo 4: 10
Entonces dijo Moisés a Jehová: ¡Ay, Señor! nunca he sido hombre de fácil palabra, ni antes, ni desde que tú hablas a tu siervo; porque soy tardo en el habla y torpe de lengua.

Éxodo 7: 19
Y Jehová dijo a Moisés: Di a Aarón: Toma tu vara, y extiende tu mano sobre las aguas de Egipto, sobre sus ríos, sobre sus arroyos y sobre sus estanques, y sobre todos sus depósitos de aguas, para que se conviertan en sangre, y haya sangre por toda la región de Egipto, así en los vasos de madera como en los de piedra.

Éxodo 8: 5
Y Jehová dijo a Moisés: Di a Aarón: Extiende tu mano con tu vara sobre los ríos, arroyos y estanques, para que haga subir ranas sobre la tierra de Egipto.

Éxodo 8: 16
Entonces Jehová dijo a Moisés: Di a Aarón: Extiende tu vara y golpea el polvo de la tierra, para que se vuelva piojos por todo el país de Egipto.

Éxodo 8: 20-22
Jehová dijo a Moisés: Levántate de mañana y ponte delante de Faraón, he aquí él sale al río; y dile: Jehová ha dicho así: Deja ir a mi pueblo, para que me sirva. Porque si no dejas ir a mi pueblo, he aquí yo enviaré sobre ti, sobre tus siervos, sobre tu pueblo y sobre tus casas toda clase de moscas; y las casas de los egipcios se llenarán de toda clase de moscas, y asimismo la tierra donde ellos estén. Aquel día yo apartaré la tierra de Gosén, en la cual habita mi pueblo, para que ninguna clase de moscas haya en ella, a fin de que sepas que yo soy Jehová en medio de la tierra.

Éxodo 8: 31
Y Jehová hizo conforme a la palabra de Moisés, y quitó todas aquellas moscas de Faraón, de sus siervos y de su pueblo, sin que quedara una.

Éxodo 9: 3-7
He aquí la mano de Jehová estará sobre tus ganados que están en el campo, caballos, asnos, camellos, vacas y ovejas, con plaga gravísima. Y Jehová hará separación entre los ganados de Israel y los de Egipto, de modo que nada muera de todo lo de los hijos de Israel. Y Jehová fijó plazo, diciendo: Mañana hará Jehová esta cosa en la tierra. Al día siguiente Jehová hizo aquello, y murió todo el ganado de Egipto; mas del ganado de los hijos de Israel no murió uno. Entonces Faraón envió, y he aquí que del ganado de los hijos de Israel no había muerto uno. Mas el corazón de Faraón se endureció, y no dejó ir al pueblo.

Éxodo 9: 9-11
Y vendrá a ser polvo sobre toda la tierra de Egipto, y producirá sarpullido con úlceras en los hombres y en las bestias, por todo el país de Egipto. Y tomaron ceniza del horno, y se pusieron delante de Faraón, y la esparció Moisés hacia el cielo; y hubo sarpullido que produjo úlceras tanto en los hombres como en las bestias. Y los hechiceros no podían

estar delante de Moisés a causa del sarpullido, porque hubo sarpullido en los hechiceros y en todos los egipcios.

Éxodo 9: 23-26
Y Moisés extendió su vara hacia el cielo, y Jehová hizo tronar y granizar, y el fuego se descargó sobre la tierra; y Jehová hizo llover granizo sobre la tierra de Egipto. Hubo, pues, granizo, y fuego mezclado con el granizo, tan grande, cual nunca hubo en toda la tierra de Egipto desde que fue habitada. Solamente en la tierra de Gocen, donde estaban los hijos de Israel, no hubo granizo.

Éxodo 10: 13
Y extendió Moisés su vara sobre la tierra de Egipto, y Jehová trajo un viento oriental sobre el país todo aquel día y toda aquella noche; y al venir la mañana el viento oriental trajo la langosta.

Éxodo 10: 22-23
Y extendió Moisés su mano hacia el cielo, y hubo densas tinieblas sobre toda la tierra de Egipto, por tres días. Ninguno vio a su prójimo, ni nadie se levantó de su lugar en tres días; mas todos los hijos de Israel tenían luz en sus habitaciones.

Éxodo 12: 29
Y aconteció que ala medianoche Jehová hirió a todo primogénito en la tierra de Egipto, desde el primogénito de Faraón que se sentaba sobre su trono hasta el primogénito del cautivo que estaba en la cárcel, y todo primogénito de los animales.

Éxodo 12: 37
Partieron los hijos de Israel de Ramesés a Sucot, como seiscientos mil hombres de a pie, sin contar los niños.

Éxodo 12: 40
El tiempo que los hijos de Israel habitaron en Egipto fue cuatrocientos treinta años.

Éxodo 13: 20-22
Y partieron de Sucot y acamparon en Etam, a la entrada del desierto. Y Jehová iba delante de ellos de día en una columna de nube para guiarlos por el camino, y de noche en una columna de fuego para alumbrarles, a fin de que anduviesen de día y de noche. Nunca se apartó de delante del pueblo la columna de nube de día, ni de noche la columna de fuego.

Éxodo 14: 2-4
Di a los hijos de Israel que den la vuelta y acampen delante de Pi-hahirot, entre Migdol y el mar hacia Baal-zefón; delante de él acamparéis junto al mar. Porque Faraón dirá de los hijos de Israel: Encerrados están en la tierra, el desierto los ha encerrado. Y yo endureceré el corazón de Faraón para que los siga; y seré glorificado en Faraón y en todo su ejército, y sabrán los egipcios que yo soy Jehová. Y ellos lo hicieron así.

Éxodo 14: 15-17

Entonces Jehová dijo a Moisés: ¿Por qué clamas a mí? Di a los hijos de Israel que marchen. Y tú alza tu vara, y extiende tu mano sobre el mar, y divídelo, y entren los hijos de Israel por en medio del mar, en seco. Y he aquí, yo endureceré el corazón de los egipcios para que los sigan; y yo me glorificaré en Faraón y en todo su ejército, en sus carros y en su caballería.

Éxodo 14: 19-20
Y el ángel de Dios que iba delante del campamento de Israel, se apartó e iba en pos de ellos; y asimismo la columna de nube que iba delante de ellos se apartó y se puso a sus espaldas,
E iba entre el campamento de los egipcios y el campamento de Israel; y era nube y tinieblas para aquéllos, y alumbraba a Israel de noche, y en toda aquella noche nunca se acercaron los unos a los otros.

Éxodo 14: 24-28
Aconteció a la vigilia de la mañana, que Jehová miró el campamento de los egipcios desde la columna de fuego y nube, y trastornó el campamento de los egipcios, Y quitó las ruedas de sus carros, y los trastornó gravemente. Entonces los egipcios dijeron: Huyamos de delante de Israel, porque Jehová pelea por ellos contra los egipcios. Y Jehová dijo a Moisés: Extiende tu mano sobre el mar, para que las aguas vuelvan sobre los egipcios, sobre sus carros, y sobre su caballería. Entonces Moisés extendió su mano sobre el mar, y cuando amanecía, el mar se volvió en toda su fuerza, y los egipcios al huir se encontraban con el mar; y Jehová derribó a los egipcios en medio del mar. Y volvieron las aguas, y cubrieron los carros y la caballería, y todo el ejército de Faraón que había entrado tras ellos en el mar; no quedó de ellos ni uno.

Éxodo 15: 22-25
E hizo Moisés que partiese Israel del Mar Rojo, y salieron al desierto de Shur; y anduvieron tres días por el desierto sin hallar agua. Y llegaron a Mara, y no pudieron beber las aguas de Mara, porque eran amargas; por eso le pusieron el nombre de Mara. Y Moisés clamó a Jehová, y Jehová le mostró un árbol; y lo echó en las aguas, y las aguas se endulzaron. Allí les dio estatutos y ordenanzas, y allí los probó.

Éxodo 16: 4-8
Y Jehová dijo a Moisés: He aquí yo os haré llover pan del cielo; y el pueblo saldrá, y recogerá diariamente la porción de un día, para que yo lo pruebe si anda en mi ley, o no. Mas en el sexto día prepararán para guardar el doble de lo que suelen recoger cada día. Entonces dijeron Moisés y Aarón a todos los hijos de Israel: En la tarde sabréis que Jehová os ha sacado de la tierra de Egipto, Y a la mañana veréis la gloria de Jehová; porque él ha oído vuestras murmuraciones contra Jehová; porque nosotros, ¿qué somos, para que vosotros murmuréis contra nosotros? Dijo también Moisés: Jehová os dará en la tarde carne para comer, y en la mañana pan hasta saciaros; porque Jehová ha oído vuestras murmuraciones con que habéis murmurado contra él; porque nosotros, ¿qué somos? Vuestras murmuraciones no son contra nosotros, sino contra Jehová.

Éxodo 16: 20-24
Más ellos no obedecieron a Moisés, sino que algunos dejaron de ello para otro día, y crió

gusanos, y hedió; y se enojó contra ellos Moisés. Y lo recogían cada mañana, cada uno según lo que había de comer; y luego que el sol calentaba, se derretía. En el sexto día recogieron doble porción de comida, dos gomeres para cada uno; y todos los príncipes de la congregación vinieron y se lo hicieron saber a Moisés. Y él les dijo: Esto es lo que ha dicho Jehová: Mañana es el santo día de reposo, el reposo consagrado a Jehová; lo que habéis de cocer, cocedlo hoy, y lo que habéis de cocinar, cocinadlo; y todo lo que os sobrare, guardadlo para mañana. Y ellos lo guardaron hasta la mañana, según lo que Moisés había mandado, y no se agusanó, ni hedió.

Éxodo 16: 31
Y la casa de Israel lo llamó Maná; y era como semilla de culantro, blanco, y su sabor como de hojuelas con miel.

Éxodo 17: 6
He aquí que yo estaré delante de ti allí sobre la peña en Horeb; y golpearás la peña, y saldrán de ella aguas, y beberá el pueblo. Y Moisés lo hizo así en presencia de los ancianos de Israel.

Éxodo 19: 4-6
Vosotros visteis lo que hice a los egipcios, y cómo os tomé sobre alas de águilas, y os he traído a mí. Ahora, pues, si diereis oído a mi voz, y guardareis mi pacto, vosotros seréis mi especial tesoro sobre todos los pueblos; porque mía es toda la tierra. Y vosotros me seréis un reino de sacerdotes, y gente santa. Estas son las palabras que dirás a los hijos de Israel.

Éxodo 19: 9-11
Entonces Jehová dijo a Moisés: He aquí, yo vengo a ti en una nube espesa, para que el pueblo oiga mientras yo hablo contigo, y también para que te crean para siempre. Y Moisés refirió las palabras del pueblo a Jehová. Y Jehová dijo a Moisés: Ve al pueblo, y santifícalos hoy y mañana; y laven sus vestidos, Y estén preparados para el día tercero, porque al tercer día Jehová descenderá a ojos de todo el pueblo sobre el monte de SINAB.

Éxodo 19: 19-20
El sonido de la bocina iba aumentando en extremo; Moisés hablaba, y Dios le respondía con voz tronante. Y descendió Jehová sobre el monte Sinaí, sobre la cumbre del monte; y llamó Jehová a Moisés a la cumbre del monte, y Moisés subió.

Éxodo 20: 1-19 (los 10 mandamientos entregados a Moisés)
Yo soy Jehová tu Dios, que te saqué de la tierra de Egipto, de casa de servidumbre.
No tendrás dioses ajenos delante de mí.
No te harás imagen, ni ninguna semejanza de lo que esté arriba en el cielo, ni abajo en la tierra, ni en las aguas debajo de la tierra.
No te inclinarás a ellas, ni las honrarás; porque yo soy Jehová tu Dios, fuerte, celoso, que visito la maldad de los padres sobre los hijos hasta la tercera y cuarta generación de los que me aborrecen, Y hago misericordia a millares, a los que me aman y guardan mis mandamientos.

No tomarás el nombre de Jehová tu Dios en vano; porque no dará por inocente Jehová al que tomare su nombre en vano.

Acuérdate del día de reposo para santificarlo.

Seis días trabajarás, y harás toda tu obra; Mas el séptimo día es reposo para Jehová tú Dios; no hagas en él obra alguna, tú, ni tu hijo, ni tu hija, ni tu siervo, ni tu criada, ni tu bestia, ni tu extranjero que está dentro de tus puertas. Porque en seis días hizo Jehová los Cielos y la tierra, el mar, y todas las cosas que en ellos hay, y reposó en el séptimo día; por tanto, Jehová bendijo el día de reposo y lo santificó.

Honra a tu padre y a tu madre, para que tus días se alarguen en la tierra que Jehová tu Dios te da.

No matarás.

No cometerás adulterio.

No hurtarás.

No hablarás contra tu prójimo falso testimonio.

No codiciarás la casa de tu prójimo, no codiciarás la mujer de tu prójimo, ni su siervo, ni su criada, ni su buey, ni su asno, ni cosa alguna de tu prójimo

Todo el pueblo observaba el estruendo y los relámpagos, y el sonido de la bocina, y el monte que humeaba; y viéndolo el pueblo, temblaron, y se pusieron de lejos. Y dijeron a Moisés: Habla tú con nosotros, y nosotros oiremos; pero no hable Dios con nosotros, para que no muramos.

Éxodo 32: 28
Y los hijos de Leví lo hicieron conforme al dicho de Moisés; y cayeron del pueblo en aquel día como tres mil hombres.

Éxodo 34: 27
Y Jehová dijo a Moisés: Escribe tú estas palabras; porque conforme a estas palabras he hecho pacto contigo y con Israel. Y él estuvo allí con Jehová cuarenta días y cuarenta noches; no comió pan, ni bebió agua; y escribió en tablas las palabras del pacto, los diez mandamientos.

Éxodo 33: 7-11
Y Moisés tomó el tabernáculo, y lo levantó lejos, fuera del campamento, y lo llamó el Tabernáculo de Reunión. Y cualquiera que buscaba a Jehová, salía al tabernáculo de reunión que estaba fuera del campamento. Y sucedía que cuando salía Moisés al tabernáculo, todo el pueblo se levantaba, y cada cual estaba en pie a la puerta de su tienda, y miraban en pos de Moisés, hasta que él entraba en el tabernáculo. Cuando Moisés entraba en el tabernáculo, la columna de nube descendía y se ponía a la puerta del tabernáculo, y Jehová hablaba con Moisés. Y viendo todo el pueblo la columna de nube que estaba a la puerta del tabernáculo, se levantaba cada uno a la puerta de su tienda y adoraba. Y hablaba Jehová a Moisés cara a cara, como habla cualquiera a su compañero. Y él volvía al campamento; pero el joven Josué hijo de Nun, su servidor, nunca se apartaba de en medio del tabernáculo.

Éxodo 40: 33-38
Finalmente erigió el atrio alrededor del tabernáculo y del altar, y puso la cortina a la entrada del atrio. Así acabó Moisés la obra. Entonces una nube cubrió el tabernáculo de

Nehemías 9: 19-22

Tú, con todo, por tus muchas misericordias no los abandonaste en el desierto: la columna de nube no se apartó de ellos de día, para guiarlos por el camino, ni la columna de fuego de noche, para alumbrarles el camino por el cual habían de ir. Y diste tu Espíritu bueno para enseñarlos, y no retiraste tu maná de su boca, y agua les diste en su sed. Y sustentástelos cuarenta años en el desierto; de ninguna cosa tuvieron necesidad: sus vestidos no se envejecieron, ni se hincharon sus pies.

Capítulo 2:

CUANTAS VECES SE APARTARON LAS AGUAS?

Aquí Están Los Textos: 4 Veces Contando La Del Mar Rojo.

Éxodo 14: 15-21 (visto en párrafos anteriores).

Josué 3: 17
Mas los sacerdotes que llevaban el arca del pacto de Jehová, estuvieron en seco, firmes en medio del Jordán, hasta que todo el pueblo hubo acabado de pasar el Jordán; y todo Israel pasó en seco.

2ª Reyes 2: 8
Tomando entonces Elías su manto, lo dobló, y golpeó las aguas, las cuales se apartaron a uno y a otro lado, y pasaron ambos por lo seco.

2ª Reyes 2: 14
Y tomando el manto de Elías que se le había caído, golpeó las aguas, y dijo: ¿Dónde está Jehová, el Dios de Elías? Y así que hubo golpeado del mismo modo las aguas, apartáronse a uno y a otro lado, y pasó Eliseo.

EL SOL SE PARO Y RETROCEDIÓ

Cuando Josué oró a Dios para continuar una batalla, se paró el sol aproximadamente por un día, y cuando Dios le da más tiempo de vida al rey Ezequías retrocede la sombra del reloj de Acaz 10 grados, que equivalen como a cuarenta minutos de tiempo; creo que estos milagros, a la fecha, hay forma de confirmarlos, pero también son narrados y testificados por el pueblo judío, así como otros pueblos contemporáneos.

Josué 10: 12-14
Entonces Josué habló a Jehová el día que Jehová entregó al Aporreo delante de los hijos de Israel, y dijo en presencia de los Israelitas: Sol, detente en Gabaón; Y tú, Luna, en el valle de Ajalón. Y el sol se detuvo y la luna se paró, Hasta tanto que la gente se hubo vengado de sus enemigos. ¿No está esto escrito en el libro de Jasher? Y el sol se paró en medio del cielo, y no se apresuró a ponerse casi un día entero. Y nunca fue tal día antes ni después de aquél, habiendo atendido Jehová a la voz de un hombre; porque Jehová peleaba por Israel.

2ª Reyes 20: 9-11
Y respondió Isaías: Esta señal tendrás de Jehová, de que hará Jehová esto que ha dicho: ¿Avanzará la sombra diez grados, o retrocederá diez grados? Y Ezequías respondió: Fácil cosa es que la sombra decline diez grados; pero, que la sombra vuelva atrás diez grados. Entonces el profeta Isaías clamó a Jehová; e hizo volver la sombra por los grados que había descendido en el reloj de Acaz, diez grados atrás.

LOS MILAGROS DE JESUCRISTO

Jesús, convirtió el agua en vino, hizo sanidades, sacó de un pez una moneda, liberó de demonios, caminó sobre el mar, tuvo autoridad sobre los vientos y el mar, resucitó muertos, alimentó a multitudes (más de 3000 personas), conoce la vida de todos, murió por nosotros, Él mismo resucitó. Estos hechos no los hace, no los hará, ni los hizo nadie, como lo hizo el Señor Jesús. Con estos milagros de alimentación y sanidad se resolverían gran parte de los problemas de la humanidad. ¿Qué le faltaría al hombre para ser completamente feliz? .

Si la Humanidad cumpliera El primer y segundo mandamientos en los cuales se comprende toda la Ley (el primero: amarás a tu Dios por sobre todas las cosas, y el segundo: amarás a tu prójimo como a ti mismo), el mundo sería algo completamente diferente; si cada persona tuviéramos el propósito de obedecer a Dios y alcanzar la estatura del varón perfecto (este es Jesús), gran parte de las necesidades básicas de la humanidad estarían cubiertas.

No les voy a dar todos los textos bíblicos, pero ustedes pueden ver todos estos hechos en el libro de Mateo, Marcos, Lucas y Juan; lo importante es que las profecías que hablaban del nacimiento y milagros de Cristo no solo eran difíciles de cumplir sino también de coincidir entre sí. Supongamos que son 37 profecías que hablan tan solo de su nacimiento y de ciertas características que se tenían que cumplir; además de estas profecías, se cumplen las que hablan de sus sanidades y de otros hechos; aun así, las probabilidades eran tan pocas como atinarle a una serie de 37 números diferentes entre millones de probabilidades; los que saben de matemáticas saben de esto, el juego más difícil de lotería en la actualidad sería un juego de niños.

La vida de Cristo hace un parte aguas en la mayoría de los tiempos a nivel mundial, ya que muchas de las referencias acerca de tiempo dicen "antes de Cristo" o "después de Cristo"; no sólo la gente que tiene un conocimiento mínimo de Biblia puede reconocer la realidad de su existencia, sino que, además, es reconocido por casi todas las naciones en el mundo (aun las grandes potencias y países comunistas). Cristo existió y cumplió un sin fin de profecías, entre las cuales, la más importante es quedio su vida por nosotros sin importar nuestro estado, ya que, siendo Dios, vino a salvar a los pecadores que se arrepienten y le buscan en santidad (en Espíritu y en Verdad) y, por supuesto, a los que reconocen a Jehová como su único Dios. Por lo tanto, Cristo no es una fantasía del pueblo judío o de los cristianos, y tampoco una mentira, ya que al ser tan evidente su vida para multitudes tan grandes, hasta los más mínimos detalles se sometieron siempre a juicio. Por ejemplo, Einstein tenia amoríos con su prima, por lo que dejo a su primera esposa, Juárez era masón, etc. , si conocemos estos detalles en personas que no tienen un interés internacional tan grande, imaginemos el interés que le han puesto a la vida de Cristo; si hubiera dejado algo de qué hablar con respecto de su vida, santidad o propósito (por el que vino a este mundo) y no fuera honesto ya lo hubieran comentado en todo el mundo.

El arca del pacto contenía las tablas de la ley, la vara de Aarón que reverdeció y una porción del maná (Hebreos 9: 4) para que los hijos de Israel conocieran el Maná que Dios les dio por 40 años para comer. La gloria de Dios se ponía sobre el arca cada vez que se armaba el templo, y el arca se ponía dentro del Lugar Santísimo, el cual estaba separado del Lugar Santo por un velo. Cuando Cristo muere en la cruz, este velo del Lugar Santísimo se rompe, lo que simboliza que ahora estamos viviendo gracias a

Cristo con un acceso directo al Lugar Santísimo del Templo. Este es un comentario para mostrar que Dios es constante en nuestras vidas, ya que el Lugar Santo y el Santísimo fueron habitados por la gloria de Dios en múltiples ocasiones y hoy están a nuestro alcance por el sacrificio de Cristo; este es un hecho muy importante ya que se dice fácil pero Dios fue fiel con el pueblo hebreo durante esos cuarenta años en el desierto. Es como si la mayor parte de nuestras vidas Dios platicara con nosotros y estuviéramos palpando su presencia y su fidelidad, y de momento nos dijera sus planes para nuestras vidas y tuviéramos un trato con Él cara a cara.

Por el sacrificio de Cristo actualmente podemos estar en su presencia, pero solo la constancia en nuestra relación con Él, nos permitirá acrecentar nuestra fe; hoy día no me cabe duda de que Dios es un Dios que todo lo puede y que siempre está presente; el día que los cristianos tengan esa certeza de que Dios está presente en sus vidas les será más fácil tener una vida de santidad.

Jonás, al huir de la misión que Dios le encomendó (les recomiendo leer el libro de Jonás, solo es una hoja), sabe que él es la causa de la tormenta en el mar y está tranquilo ya que sabe que Dios lo cuidaría, de tal modo que, cuando los tripulantes del barco en el que viaja descubren que él es la causa de la tormenta le dicen a Jonás que no saben que harán con él y él les dice que lo lancen al mar y que Dios no les pedirá cuentas; en fin, que se lo traga un gran pez y, al arrepentirse, orar y pedir perdón a Dios (después de tres días), el gran pez lo escupe en la playa donde lo mando Dios a profetizar; esto muestra las infinitas formas que tiene Dios de hacer las cosas, los que aman a Dios están conscientes de que Él está siempre presente en sus vidas y que todo les ayuda para bien.

Esto es lo más importante, Dios siempre está presente y lo estará en nuestras vidas; este es el fundamento de la fe y no me refiero al fundamento que tenemos en Cristo, sino que cuando creemos en Dios no podemos engañarnos y seguir haciendo lo malo, entonces procuramos hacer lo correcto a cada instante.

Por último, los 40 días que Jesús está con sus discípulos después de haber resucitado, no los detallan en ninguno de los 4 Evangelios, lo más que se relata es la Gran Comisión que les asigna; todo lo que les dijo el Maestro y los demás hechos antes de su resurrección son narrados en los 4 Evangelios y fueron comentados por los Apóstoles, pero nada comentan acerca de esos 40 días, yo creo que Jesús les dijo que no comentaran nada de lo que estuvo enseñándoles durante esos días.

LOS 40 DÍAS DESPUES DE LA RESURRECCIÓN

LA RESURRECCIÓN DE CRISTO

1ª Corintios 15
Además, os declaro, hermanos, el Evangelio que os he predicado, el cual también recibisteis, en el cual también perseveráis; Por el cual, asimismo, si retenéis la palabra que os he predicado, sois salvos, si no creísteis en vano. Porque primeramente os he enseñado lo que asimismo recibí: Que Cristo murió por nuestros pecados, conforme a las

Escrituras; Y que fue sepultado, y que resucitó al tercer día, conforme a las Escrituras; Y que apareció a Cefas, y después a los doce. Después apareció a más de quinientos hermanos a la vez, de los cuales muchos viven aún, y otros ya duermen. Después apareció a Jacobo; después a todos los Apóstoles; Y al último de todos, como a un abortivo, me apareció a mí. Porque yo soy el más pequeño de los Apóstoles, que no soy digno de ser llamado apóstol, porque perseguí a la Iglesia de Dios. Pero por la gracia de Dios soy lo que soy; y su gracia no ha sido en vano para conmigo, antes he trabajado más que todos ellos; pero no yo, sino la gracia de Dios conmigo.

Porque o sea yo o sean ellos, así predicamos, y así habéis creído. Pero si se predica de Cristo que resucitó de los muertos, ¿cómo dicen algunos entre vosotros que no hay resurrección de muertos? Porque si no hay resurrección de muertos, tampoco Cristo resucitó. Y si Cristo no resucitó, vana es entonces nuestra predicación, vana es también vuestra fe. Y somos hallados falsos testigos de Dios; porque hemos testificado de Dios que él resucitó a Cristo, al cual no resucitó, si en verdad los muertos no resucitan. Porque si los muertos no resucitan, tampoco Cristo resucitó; Y si Cristo no resucitó, vuestra fe es vana; aún estáis en vuestros pecados. Entonces también los que durmieron en Cristo perecieron. Si en esta vida solamente esperamos en Cristo, somos los más dignos de conmiseración de todos los hombres. Mas ahora Cristo ha resucitado de los muertos; primicias de los que durmieron es hecho. Porque por cuanto la muerte entró por un hombre, también por un hombre la resurrección de los muertos. Porque, así como en Adán todos mueren, también en Cristo todos serán vivificados.

Pero cada uno en su debido orden: Cristo, las primicias; luego los que son de Cristo, en su venida. Luego el fin, cuando entregue el reino al Dios y Padre, cuando haya suprimido todo dominio, toda autoridad y potencia. Porque preciso es que él reine hasta que haya puesto a todos sus enemigos debajo de sus pies. Y el postrer enemigo que será destruido es la muerte.

Porque todas las cosas las sujetó debajo de sus pies. Y cuando dice que todas las cosas han sido sujetadas a él, claramente se exceptúa aquel que sujetó a él todas las cosas. Pero luego que todas las cosas le estén sujetas, entonces también el Hijo mismo se sujetará al que le sujetó a él todas las cosas, para que Dios sea todo en todos. De otro modo, ¿qué harán los que se bautizan por los muertos, si en ninguna manera los muertos resucitan? ¿Por qué, pues, se bautizan por los muertos? ¿Y por qué nosotros peligramos a toda hora? Os aseguro, hermanos, por la gloria que de vosotros tengo en nuestro Señor Jesucristo, que cada día muero. Si como hombre batallé en Éfeso contra fieras, ¿qué me aprovecha? Si los muertos no resucitan, comamos y bebamos, porque mañana moriremos. No erréis; las malas conversaciones corrompen las buenas costumbres. Velad debidamente, y no pequéis; porque algunos no conocen a Dios; para vergüenza vuestra lo digo. Pero dirá alguno: ¿Cómo resucitarán los muertos? ¿Con qué cuerpo vendrán? Necio, lo que tú siembras no se vivifica, si no muere antes. Y lo que siembras no es el cuerpo que ha de salir, sino el grano desnudo, ya sea de trigo o de otro grano; Pero Dios le da el cuerpo como él quiso, y a cada semilla su propio cuerpo. No toda carne es la misma carne, sino que una carne es la de los hombres, otra carne la de las bestias, otra la de los peces, y otra la de las aves. Y hay cuerpos celestiales, y cuerpos terrenales; pero una es la gloria de los celestiales, y otra la de los terrenales. Una es la gloria del sol, otra la gloria de la luna, y otra la gloria de las estrellas, pues una estrella es diferente de otra en gloria. Así también es la resurrección de los muertos. Se siembra en corrupción, resucitará en incorrupción. Se siembra en deshonra, resucitará en gloria;

se siembra en debilidad, resucitará en poder. Se siembra cuerpo animal, resucitará cuerpo Espiritual. Hay cuerpo animal, y hay cuerpo Espiritual. Así también está escrito: Fue hecho el primer hombre Adán alma viviente; el postrer Adán, Espíritu vivificante. Mas lo Espiritual no es primero, sino lo animal; luego lo Espiritual. El primer hombre es de la tierra, terrenal; el segundo hombre, que es el Señor, es del cielo. Cual el terrenal, tales también los terrenales; y cual el celestial, tales también los celestiales. Y así como hemos traído la imagen del terrenal, traeremos también la imagen del celestial. Pero esto digo, hermanos: que la carne y la sangre no pueden heredar el reino de Dios, ni la corrupción hereda la incorrupción. He aquí, os digo un misterio: No todos dormiremos; pero todos seremos transformados, En un momento, en un abrir y cerrar de ojos, a la final trompeta; porque se tocará la trompeta, y los muertos serán resucitados incorruptibles, y nosotros seremos transformados. Porque es necesaria que esto corruptible se vista de incorrupción, y esto mortal se vista de inmortalidad.

Y cuando esto corruptible se haya vestido de incorrupción, y esto mortal se haya vestido de inmortalidad, entonces se cumplirá la palabra que está escrita: Sorbida es la muerte en victoria. ¿Dónde está, oh muerte, tu aguijón? ¿Dónde, oh sepulcro, tu victoria? Ya que el aguijón de la muerte es el pecado, y el poder del pecado, la ley. Más gracias sean dadas a Dios, que nos da la victoria por medio de nuestro Señor Jesucristo. Así que, hermanos míos amados, estad firmes y constantes, creciendo en la obra del Señor siempre, sabiendo que vuestro trabajo en el Señor no es en vano.

Hechos 1: 1-5
En el primer tratado, oh Teófilo, hablé acerca de todas las cosas que Jesús comenzó a hacer y a enseñar, Hasta el día en que fue recibido arriba, después de haber dado mandamientos por el Espíritu Santo a los Apóstoles que había escogido; A quienes también, después de haber padecido, se presentó vivo con muchas pruebas indubitables, apareciéndoseles durante cuarenta días y hablándoles acerca del reino de Dios. Y estando juntos, les mandó que no se fueran de Jerusalén, sino que esperasen la promesa del Padre, la cual, les dijo, oísteis de mí.
Porque Juan ciertamente bautizó con agua, más vosotros seréis bautizados con el Espíritu Santo dentro de no muchos días.

Si Jesús no resucito de los muertos somos los más dignos de lastima. Gran parte de la Iglesia padeció persecución y muertes muy crueles por amor a Jesús; porque, en lugar de estar en sus casas tranquilamente, los 12 Apóstoles, junto con gran parte de la Iglesia Cristiana, prefirieron morir por amor, por fe. Crucificados, ahorcados, decapitados, etc. , dejándolo todo por la seguridad que tenían, la seguridad de las promesas (profecías) de la segunda venida de Jesús.

Después de su muerte, Jesús estuvo en medio de la Iglesia, primero con 120 cristianos y hasta más de 500 personas que conformaban parte de la Iglesia, hasta que ascendió al cielo en una nube, para que después pudiera venir a morar en nosotros el Espíritu Santo, ya que según lo que dijo Jesús mismo, el Hijo y el Espíritu no pueden estar en el mismo lugar porque los dos son uno mismo.

Hechos 1: 15
En aquellos días Pedro se levantó en medio de los hermanos (y los reunidos eran como

ciento veinte en número)…

¿Qué es entonces lo que está habitando en tu corazón? ¿no es el Espíritu Santo? Los hechos son los que importan, nuestro Dios es un Dios real (el único), Jesús fue y es real, la Biblia, la Iglesia y los hechos que marcan la historia del pueblo judío son reales. La pregunta es ¿que necesitas túpara creer y para tener fe?

Capítulo 3:

COMO FUE CREADA LA BIBLIA

Cuando nosotros escuchamos historias, conceptos, preceptos, paradigmas, etc. , que rigen nuestras vidas o que nos gustan como un consejo que puede traer un valor añadido a nuestras vidas, para que nosotros podamos entenderlos y aceptarlos en lo que valen, necesitamos que le demos credibilidad al autor; esto no puede ser si llegamos a tener dudas con respecto al modo de vida o la moral de la persona que nos está dando dicho concepto o si dudamos de quién lo haya escrito; algo parecido sucede con la gente cuando lee la Biblia, empiezan por refutar que la Biblia fue escrita por diferentes autores y piensa que a fin de cuentas fue creada por el hombre (con defectos) y con ciertos datos incorrectos o falsos.

Una vez que se conoce o estudia la Biblia empieza el lector a profundizar en cada una de las enseñanzas y de las historias que trae. Al decir profundizar, no sólo me refiero al simple hecho de estudiar y comprender un escrito, sino también a revisar la historia de la cual se está hablando y ver que efectivamente tenga referencias dentro de la Historia Universal que la validen. Al lector le va quedando claro que la Biblia ciertamente fue escrita por gente que, tal vez, pudo haber tenido algún defecto, pero, a fin de cuentas, al profundizar llega a la conclusión de que realmente es un libro inspirado por Dios; en algún otro de los libros o capítulos de mis publicaciones, podemos entender que las historias que se narran no son invenciones del pueblo judío, sino más bien hechos históricos; la Biblia para los judíos es un libro de historia, de religión, de leyes y normas sociales con perfecta concordancia y lógica.

Qué tiene que ver cómo fue escrita la Biblia o por quién? cómo es que fue estructurada? y qué tiene que ver esto con la fe? Bien, la Biblia indiscutiblemente fue inspirada por Dios porque, aunque fue escrito por diferentes autores, tienen la misma esencia y la misma finalidad; esta finalidad es llevar no sólo al pueblo judío sino al pueblo universal que comprende la iglesia, a tener un mismo criterio, un mismo concepto de lo que significa Dios, conocer cuál es su voluntad y cómo poder cumplirla. Por otra parte, para que nosotros podamos tener un crecimiento en nuestra fe, tenemos que ir aceptando lo que la Biblia dice como hechos históricos y fidedignos, avalados por diferentes culturas, no solo por la cultura judía. cuando vemos que a través de muchos siglos se han venido cumpliendo cada una de las profecías o cada una de las promesas que se hicieron a diferentes personajes en la Biblia y también al pueblo judío en general, podemos estar seguros de que el Dios que se ha manifestado a los judíos, tenía un plan y un documento perfecto que tenía que ser armado de tal manera que el individuo pudiese entender el carácter de Dios y sus intenciones para aquellos que ama.

De otro modo, para aquél que no ama a Dios le es imposible entender lo que la Biblia quiere decir, porque mientras más interés se tiene en algo, más se profundiza y más se comprende, y más podemos estar seguros de que estos eventos como profecías, personajes, pueblos, épocas y lugares son reales y podemos ver cómo Dios se manifestó a través del pueblo judío para testimonio a las naciones, aún hasta nuestros tiempos.

La Biblia (El Torá, El Tanaj), La Palabra, La Iglesia, Los Rollos Del Mar Muerto, El Pueblo Judío En La Historia, Cristo En La Historia:

El término Judaísmo se refiere a la religión o creencias, la tradición y la cultura del pueblo Judío. Es la más antigua de las tres religiones monoteístas más difundidas (junto con el Cristianismo y el Islam), conocidas también como «Religiones del Libro» o «Abrahámicas».
Aunque no existe un cuerpo único que sistematice y fije el contenido dogmático del Judaísmo, su práctica se basa en las enseñanzas contenidas en la Torá, también llamado Pentateuco, compuesto, como su nombre lo indica, por cinco libros. La Torá o el Pentateuco a su vez, es uno de los tres libros que conforman el Tanaj Judio o Antiguo Testamento, (según el cristianismo), a los que se atribuye inspiración Divina.

La Tradición Oral también juega un papel importante en la práctica religiosa judía y, según las creencias, fue entregada a Moisés junto con la Torá y conservada desde entonces hasta la fecha, La tradición oral rige la interpretación del texto bíblico; la codificación y comentario de esta tradición ha dado origen a la Mishná, al Talmud y a un enorme cuerpo Exegético desarrollado hasta el día de hoy por los estudiosos. El compendio de estos textos forma la denominada Ley Judía o Halajá.

El rasgo principal de la fe judía es la creencia en un Dios omnisciente, omnipotente y providente, que habría creado el universo y elegido al pueblo judío para revelarle la ley contenida en los Diez Mandamientos y las prescripciones rituales de los libros tercero y cuarto de la Torá. Consecuentemente, las normas derivadas de tales textos y de la tradición oral constituyen la guía de vida de los judíos, aunque la observancia de las mismas varía mucho de unos grupos a otros.

Otra de las características del Judaísmo, que lo diferencia de las otras Religiones Monoteístas, radica en que se considera no sólo como una religión, sino también como una tradición y una cultura. Las otras religiones trascienden a varias naciones y culturas, mientras que el Judaísmo se considera la religión y la cultura de un pueblo específico. El Judaísmo no exige, a los no Judíos, unirse al pueblo Judío ni adoptar su religión cómo los musulmanes que lo hacen a través de la fuerza. La religión, la cultura y el pueblo judío pueden considerarse conceptos separados, pero están estrechamente interrelacionados. La tradición y la cultura judía son muy diversas y heterogéneas, ya que se desarrollaron de modos distintos en las diferentes comunidades, y cada comunidad local incorporó elementos culturales de los distintos países en los que vivieron los judíos a partir de la Dispersión.

A través de las generaciones se formó el legado de lo que se conoce como Biblia, por lo menos en lo referente al Antiguo Testamento. De ahí se conformó lo que conocemos como la Iglesia de los Cristianos, mismos que eran perseguidos, y por la fuerza que tomaron, se convirtieron, con el tiempo, en un peligro para el Imperio Romano, por lo que se intensifico la persecución a los cristianos.

Así comenzaron las persecuciones y sacrificios del pueblo cristiano, o Iglesia Cristiana (así se empezó a llamar en Antioquia a los primeros seguidores del que se llamara el Cristo), los cristianos eran perseguidos, encarcelados, torturados, y muertos de las formas más cruentas, ¿no te pone a pensar esto? , si Cristo no hubiera resucitado ¿valdría la pena morir por él? ¿vivir huyendo y en pobreza?

Eso es lo que le dio fuerza a la Iglesia, mientras más se les perseguía, mas se multiplicaban, al grado de que se escondían en cuevas, como las famosas "cuevas del Mar Muerto" que estaban en lo alto, ahí se escondían y metían las escaleras en las cuevas para que no se viera dónde estaban escondidos. Hace pocos años unos niños que estaban jugando cerca de ahí, lanzaron unas piedras dentro de las cuevas y escucharon el sonido de vasijas rotas. Al investigar descubrieron los rollos del Mar Muerto que comprenden, junto con otros hallazgos de la historia, partes del Nuevo Testamento de la Biblia. Son cartas dirigidas por los Apóstoles a las diferentes Iglesias de aquella época, y que comprenden el Nuevo Testamento.

Se han hecho descubrimientos arqueológicos basados en datos bíblicos, lo que también es una muestra de la veracidad de la Biblia y, como ya vimos, para los judíos el Antiguo Testamento es un libro de historia, derecho y religión.

Bien entonces ¿qué lugar tiene Cristo para los judíos, los cristianos y las personas en general, o en la historia del mundo? Cristo es el parte aguas de la historia y la referencia de un hecho histórico, ya que todo se hace con referencia a las fechas de su nacimiento (antes de Cristo o después de Cristo en el calendario gregoriano o cívico), y es reconocido por casi todo el mundo.

El Nuevo Testamento es la parte de la Biblia Cristiana compuesta por un conjunto canónico (autorizado) de libros escritos después del nacimiento de Jesús de Nazaret. Se le designa así desde Tertuliano, en la Iglesia Cristiana, los cristianos no tienen esta parte de la Biblia en común con los judíos, Al contrario del Tanáj o Antiguo Testamento.

El uso del término "Testamento", proviene del hebreo Berit ("alianza", "pacto", "convenio" o "disposiciones entre dos contratantes") a través del griego diathéké y del latín testamentum. Por tanto, su significado original es el de nueva alianza, nuevo pacto o nuevo convenio; En los relatos bíblicos se habla de los pactos divinos con Adán, Noé, Abraham, Moisés, David y el último pacto a través de Cristo.

Las versiones más antiguas de textos del Nuevo Testamento que se conservan están escritas en el griego denominado koiné, la "lingua franca" en el Mediterráneo Oriental en la época romana. La mayoría de los especialistas cree que éste fue el idioma en que originalmente se redactaron, aunque algunos libros puedan haberse escrito primero en idioma Hebreo o Arameo, la lengua semita hablada por Jesús y su entorno. Sin embargo, no existen manuscritos antiguos del Nuevo Testamento escritos en Hebreo ni tampoco en Arameo.

La composición del Nuevo Testamento canónico se fijó poco a poco en los primeros siglos de la nueva religión. La lista más antigua se supone redactada hacia el año 170, la lista actual fue publicada originalmente por Atanasio de Alejandría en 370 y consagrada como Canónica en el tercer Concilio de Cartago de 397. Las disputas sobre la composición no cesaron por ello. Martín Lutero cuestionó la pertinencia de incluir la Epístola de Santiago, la Epístola de Judas, la Epístola a los Hebreos y el Apocalipsis de Juan o libro de la Revelación; aunque finalmente, a diferencia de los Deuterocanónicos del Antiguo Testamento, no fueron nunca rechazados.

El Nuevo Testamento comprende los cuatro Evangelios Canónicos, los Hechos de los Apóstoles, las Epístolas de Pablo de Tarso, siete Epístolas de diversa atribución y el Apocalipsis. Comprende, en total, 27 libros.

PAPIROS CON FRAGMENTOS DEL NUEVO TESTAMENTO.

Existen cerca de cien papiros con fragmentos del nuevo testamento. El papiro Rylands (p52) es el más antiguo de los manuscritos que se han encontrado de los cuatro Evangelios Canónicos. Se descubrió en el desierto de Egipto y se publicó en 1935. Contiene algunos versículos del capítulo 18 del Evangelio de Juan (Juan 18, 31-33. 37-38). Según el estudio grafológico es anterior al año 150 (suele datarse hacia 125-130). Fue encontrado en una tienda de antigüedades en Luxor, Egipto, a finales del siglo XIX. Fue adquirido por un sacerdote llamado Charles Bousfield Huleatt quien donó el papiro al colegio Magdalena de Oxford donde pasó a denominarse gr 17.

Del conjunto de cinco papiros Bodmer (p66, p72, p73, p74 y p75) que se conservan en la biblioteca de Cologny, en Ginebra, destaca el p66. Encontrado en Egipto y datado hacia el año 200, contiene catorce capítulos del Evangelio de Juan.

Por su parte, el papiro p75, datado en el siglo III, contiene los Evangelios de Lucas y de Juan.

Los tres Papiros (p45, p46 y p47) escritos antes del año 250, contienen fragmentos de las Epístolas de Pablo, del Apocalipsis y de los Evangelios.

P45: contiene fragmentos de los cuatro Evangelios Canónicos y de los hechos de los Apóstoles.

P46: contiene Epístolas de Pablo: Romanos 1: 2; Corintios; Efesios; Gálatas; Filipenses; Colosenses; 1ª. y 2ª. Tesalonicenses.

P47: contiene un fragmento del libro de Apocalipsis (9: 10 al 17: 2).

En 1947 fueron descubiertas las cuevas de Qumrán cerca de las ruinas del mismo nombre (Khirbeh Qumrán). Si bien las ruinas eran conocidas desde siempre, su significado real y la identidad de sus habitantes originarios serían dados a conocer por el descubrimiento de las cuevas, las cuales fueron encontradas accidentalmente por Beduinos cuando la parte Occidental del Mar Muerto estaba bajo la soberanía de Jordania (en 1967 pasaría al estado de Israel) y ahí encontraron varios documentos antiguos.

De acuerdo a las primeras identificaciones y a los informes preliminares, entre los documentos de Qumrán no existen textos Neotestamentarios. En su mayoría los rollos pertenecen a los profetas, Salmos, libros históricos, libros apócrifos como el libro de Enoc y las reglas de la comunidad esenia bajo el código del Maestro de Justicia.

El descubrimiento de estas cuevas significó el mayor descubrimiento de la historia para los estudios bíblicos, la arqueología bíblica, la papirología y otros muchos estudios y disciplinas relacionados. Se trataba de los documentos más antiguos conservados con dataciones que iban de entre el año 50 a. C. al 50 d. C. y que daba credibilidad a la estructura Bíblica del Antiguo Testamento, Pero muchos estudiosos buscaban los orígenes del cristianismo y de personajes del siglo I como Juan el Bautista, Jesucristo, Pablo y Juan el Evangelista.

El descubrimiento de Qumrán permitió el descubrimiento de una secta judía olvidada por la historia, pero de una gran importancia: los Esenios, los cuales presentan muchas coincidencias con el cristianismo, pero, al mismo tiempo, tienen puntos que los distancian. Por esta razón muchos han visto a los Esenios como un grupo influyente en el principio del Cristianismo, e incluso se han esbozado propuestas como la pertenencia de Juan el Bautista a dicha comunidad y una posterior expulsión, e incluso una relación directa de este grupo con Jesús, con Pablo y con Juan el Evangelista. Todas estas hipótesis no han sido probadas.

Las cuevas descubiertas en el Valle de Qumrán fueron once y están identificadas con el número que les tocó, junto con el material encontrado en ellas. De esta manera cada uno de los rollos o papiros está codificado primero, con el número de la cueva, después con la letra q y posteriormente por el número de rollo que le corresponde.

Entre las once cuevas una de ellas se ha destacado por ser la de mayor dificultad en la identificación del material ya que los papiros están en grave estado de deterioro. Por otra parte, tiene características únicas:

Es la única con documentación sólo en griego (las otras cuevas tienen material solo en Hebreo o en Aramáico y en la IV cueva hay sólo cuatro textos Griegos). La única cueva con sólo papiros (las demás cuevas no tienen papiros sino pergaminos). No había documentos en Hebreo o en Aramáico en esta cueva. Había un fragmento del apócrifo de Baruc inexistente en las demás cuevas. El 7q3 es el papiro más grande de la cueva y permanece inidentificado. Los papiros estaban dentro de un ánfora con una inscripción en tinta negra que dice Rumah ("roma") en Hebreo y que es posible que designe al dueño de los papiros.

Otros datos de la Biblia.

La palabra Biblia se origina, a través del Latín, en la expresión griega τὰ βιβλία τὰἅγια (tabiblíataháguia; los libros sagrados), acuñada por vez primera en 1ª Macabeos 12: 9, siendo βιβλία plural de βιβλίον (biblíon, 'papiro' o 'rollo', usado también para 'libro'). Se cree que este nombre nació como diminutivo del nombre de la ciudad de Biblos (βύβλοσ), importante mercado de papiros de la antigüedad.

Esta frase fue empleada por los Hebreos helenizados (aquellos que habitaban en ciudades de habla griega) mucho tiempo antes del nacimiento de Jesús de Nazaret para referirse al Tanaj o Antiguo Testamento. Muchos años después empezó a ser utilizada por los cristianos para referirse al conjunto de libros que forman el Antiguo Testamento, así como los Evangelios y las cartas Apostólicas, es decir, el Nuevo Testamento. Para ese entonces ya era común utilizar únicamente el primer sintagma, τὰ βιβλία, a manera de título.

Ya como un título, se empezó a utilizar en latín "Biblia Sacra" (los libros sagrados), sin el artículo "la" dado que éste no existía en latín. Sin embargo, al ser la palabra Biblia un cultismo en latín, pasó de considerarse un neutro plural a un femenino singular (la sagrada Biblia), entendiendo ya la palabra Biblia como el nombre propio de todo el conjunto. A través del latín se derivó a la gran mayoría de las lenguas modernas.

La Biblia es una compilación de textos que en un principio eran documentos separados (llamados "libros"), escritos primero en Hebreo, Arameo y Griego durante un dilatado periodo de tiempo y después reunidos para formar el Tanaj (Antiguo Testamento para los Cristianos) y luego el Nuevo Testamento. Ambos Testamentos forman la Biblia Cristiana. En sí la Biblia fue escrita a lo largo de aproximadamente 1000 años (900 a. C. - 100 d. C.). Los textos más antiguos se encuentran en el libro de Los Jueces ("canto de Débora") y en las denominadas fuentes "e" y "j" de la Torá o Pentateuco, que son datadas en la época de los dos reinos pertenecientes a los siglos X a VIII a. C. . El libro completo más antiguo, el de Oseas, es también de la misma época. El pueblo judío identifica a la Biblia con el Tanaj (no consintiéndose bajo ningún concepto el término Antiguo Testamento) y no acepta la validez del llamado Nuevo Testamento, reconociéndose como texto sagrado únicamente al Tanaj.

El Antiguo Testamento narra principalmente la historia de los Hebreos; el Nuevo

Testamento narra la vida, muerte y resurrección de Jesús, su mensaje y la historia de los primeros Cristianos.

El Nuevo Testamento fue escrito en lengua Griega Koiné. En él se cita con frecuencia al Antiguo Testamento de la versión de los Setenta, traducción al Griego del Antiguo Testamento realizada en Alejandría en el siglo III a. C.

La Biblia es, para los creyentes, la palabra de Dios por ser indudable para estos, su inspiración Divina. Es un libro eminentemente Espiritual y habla sobre la historia de la humanidad, su creación, su caída en el pecado y su salvación, y expone cómo el Dios creador se ha relacionado, se relaciona y se relacionará con el ser humano. De igual forma, la Biblia expone los atributos y el carácter de Dios.

Para los creyentes, la Biblia es la principal fuente de fe y doctrina en Cristo. En el siglo XVI los diferentes movimientos de la Reforma Protestante comenzaron a experimentar un alto desgaste en discusiones filosóficas y a separarse unos de otros; para menguar este problema se definió el principio llamado "sola escritura", que significa que solamente la Biblia puede ser considerada fuente de doctrina cristiana. Para la Iglesia Católica Romana, además de la Biblia, también son fuente doctrinal la tradición, las enseñanzas de los padres de la Iglesia (discípulos de los Apóstoles) y decisiones emanadas de Concilios. Esta divergencia entre cristianos se intensificó al asumir la Iglesia Católica Romana la idea de que el Papa, como único "sucesor de Pedro ", y, consecuentemente, "custodio y depositario de las llaves del reino de los Cielos", debía ser "infalible" en asuntos de fe, moral y doctrina cristiana (dogma de la infalibilidad Papal), mientras que los Cristianos Protestantes rechazan esta aseveración y consideran como cabeza única de la Iglesia a Jesús de Nazaret, llamado Cristo. Para ambas partes esta gran diferencia ya no es considerada tan solo en términos filosóficos o religiosos, sino como designios Divinos plasmados y asentados en la Biblia misma.

Para los judíos ortodoxos, por supuesto, el Nuevo Testamento no tiene validez. El rabínico considera como fuente de doctrina el Talmud, mientras los Caraítas defienden, desde el siglo VIII, el Tanaj como única fuente de fe.

El canon del Antiguo Testamento Cristiano entró en uso en la Septuaginta griega, con traducciones y libros originales, y sus diferentes listas de los textos. Además de la Septuaginta, el cristianismo posteriormente añadió diversos escritos que se convertirían en el Nuevo Testamento. Pocas y diferentes listas de las obras aceptadas, se siguieron desarrollando en la antigüedad. En el siglo IV, una serie de Sínodos fue elaborando listas de escritos sagrados que fijaban un canon del Antiguo Testamento de entre 46 y 54 distintos documentos y un canon del Nuevo Testamento de 20 a 27, siendo este último el utilizado hasta el día de hoy, el cuál fue definido, finalmente, en el Sínodo o Concilio de Hipona en el 393 d. C. Hacia el año 400, Jerónimo había escrito una edición definitiva de la Biblia en latín(véase la Vulgata), el canon de la cual, debido en parte a la insistencia del papa Dámaso, fue hecho coincidir con decisiones de varios de los Sínodos reunidos con anterioridad. Con el beneficio de la retrospectiva se puede decir que estos procesos establecieron, de manera eficaz, el canon del Nuevo Testamento, aunque hay otros ejemplos de listas Canónicas en uso después de este tiempo. Sin embargo, esta lista definitiva de 27 libros no fue legitimada por ningún Concilio Ecuménico sino hasta el Concilio de Trento (1545-1563).

Durante la Reforma Protestante, algunos reformadores canónicos propusieron listas diferentes a las que se encuentran actualmente en uso. Aunque no sin debate (véase Antilegomena), la lista de los libros del Nuevo Testamento vendría a seguir siendo el mismo, sin embargo, en el Antiguo Testamento, la lista de los textos presentes en la Septuaginta, pero que no están incluido en el canon judío, fueron eliminados de la mayoría de los cánones protestantes. Por lo tanto, en un contexto católico estos textos eliminados se denominan libros Deuterocanónicos, mientras que en un contexto protestante se hace referencia a ellos como Apócrifos, etiqueta que se aplica a todos los textos excluidos del canon bíblico que estaban en la Septuaginta. Cabe señalar también, que los católicos y los protestantes describen algunos otros libros, como el libro de los Hechos de Pedro, como Apócrifos.

Por lo tanto, el Antiguo Testamento protestante está dividido en 39 libros. El número varía de el de los libros en el Tanakh (aunque no en contenido) a causa de un método diferente de división, mientras que la Iglesia Católica Romana reconoce 46 libros como parte del Antiguo Testamento canónico. El término "Escrituras Hebreas" es sólo sinónimo del Antiguo Testamento protestante, no católico, que contiene las escrituras hebreas y textos adicionales. Tanto los católicos y los protestantes tienen los mismos 27 libros del canon del Nuevo Testamento.

Un libro de la Biblia es un grupo establecido de escrituras. Por ejemplo, el libro de Salmos (en hebreo Tehilim o "canciones de alabanza") tiene 150 canciones (151 en la versión Setenta o Septuaginta), mientras que la Epístola de Judas es una carta de media página.

La Biblia Hebrea o Tanaj está dividida en tres secciones: los cinco libros de Moisés (La Ley o Torá), los libros escritos por los profetas hebreos (Los Profetas o nevi'im) y unos libros que no entran en las dos categorías anteriores (Las Escrituras o Ketuvim); éstos son conocidos como hagiógrafa o simplemente «Las Escrituras».

La Biblia Judía fue escrita predominantemente en hebreo, pero tiene algunas pequeñas partes que fueron escritas en arameo. En la Biblia Cristiana, la Biblia Hebrea es llamada Antiguo Testamento, para distinguirla del Nuevo Testamento, que es la parte que narra la vida de Jesús y su predicación, entre otras cosas. El Nuevo Testamento está dividido en los cuatro Evangelios, historia (Hechos de los Apóstoles), las cartas a Iglesias Cristianas por Pablo y otros Apóstoles, y el Apocalipsis.

Un canon es el conjunto de libros que integran la Biblia según una tradición religiosa concreta, a unos se les considera "Divinamente Inspirados" y se les distingue de otros textos que no se consideran revelados de la misma forma. Esta diferencia, entre las distintas ramas del cristianismo, se da únicamente para el Antiguo Testamento, ya que todas las Biblias tienen el mismo número de libros en el Nuevo Testamento.

La Biblia (del griego «τα βιβλία», "los libros"), es el conjunto de libros Canónicos del judaísmo y el cristianismo. La canonicidad de cada libro varía dependiendo de la tradición adoptada. Según las religiones Judía y Cristiana, la Biblia transmite la palabra de Dios. La Biblia, o al menos parte de ella, se encuentra traducida a 2. 303 idiomas.

El primer canon del Antiguo Testamento es el Pentateuco, el cual se compone de los libros del Génesis, Éxodo, Levítico, Números y Deuteronomio y contiene la "ley de Dios", que es el conjunto de los 613 preceptos del Judaísmo.

Dentro del Judaísmo surge disputa sobre el canon correcto. Un grupo religioso, los Saduceos, sostiene que el canon solamente está conformado por La Tora o Pentateuco (La Ley), mientras que otros grupos también consideran, dentro del canon, las escrituras de los Nevi'im (Los Profetas) y los Ketuvim (Las Escrituras). Después de la destrucción de Jerusalén en el año 70 d. C. , el grupo judío predominante fue el de los Fariseos, que sí considera al canon como conformado por La Ley, Los profetas y Las Escrituras. Así, a finales del siglo I, el Judaísmo estableció, en Yamnia (Yavne), como canon de sus libros sagrados, aquellos que cumplieran tres requisitos: 1. que hubiera una copia del libro en cuestión que se supiera que fue escrito antes del año 300 a. C. (cuando la Helenización llegó a Judea, con los problemas culturales y religiosos subsecuentes, y que pueden leerse en libros como los de los Macabeos o el de Daniel), 2. que dicha copia estuviera escrita en Hebreo o cuando menos en Arameo (no Griego, la lengua y cultura invasora) y 3. que tuviera un mensaje considerado como inspirado o dirigido al pueblo de Dios (con lo que también algunos libros que cumplían las dos características anteriores tuvieron que salir del canon).

En tiempos de Jesús de Nazaret es dominante la segunda opinión, la cual es sostenida y transmitida por muchos cristianos hasta tiempos de la Reforma Protestante con la controversia de los libros Deuterocanónicos. Esta controversia probablemente se originó precisamente por el hecho de que el judaísmo había establecido su canon a fines del siglo I, con lo que para ellos ya no estaban presentes aquellos textos que sólo se encontrarían en griego (en la versión de la Biblia Judía Septuaginta o de los setenta). Estos libros fueron precisamente los que se considerarían, posteriormente, como Deuterocanónicos.

La versión Judía de la Biblia consta de 24 libros, con ciertas diferencias respecto a las Biblias Cristianas. Algunas de esas diferencias son los nombres de varios libros: Éxodo para el original Shemot («nombres»); Levítico para Vaikrá («y llamó»), la subdivisión en tres secciones: Torá (la ley, el pentateuco); Nevi'im, los profetas anteriores (Josué, Jueces, Samuel y Reyes) y posteriores (Isaías, Jeremías, Ezequiel y los 12 profetas menores); y Ketuvim, los escritos (Salmos, Proverbios, Daniel y los demás libros).

Actualmente, los libros que no son considerados Canónicos, son llamados Libros Apócrifos por los Católicos y los Ortodoxos, y Pseudoepígrafos por los Protestantes. Los libros que sí han recibido reconocimiento canónico de parte de Católicos,

Ortodoxos y Protestantes, reciben el nombre de Deuterocanónicos (literalmente, "del segundo canon"). En general, son libros escritos originalmente en Griego, incluidos en la traducción griega de la Biblia Judía conocida como Septuaginta o de los LXX. No obstante, algunas corrientes protestantes fundamentalistas insisten en conservar el nombre de Apócrifos para los libros Deuterocanónicos. Con todo, hay que señalar, que los primeros cristianos no usaban la Biblia Hebrea, sino que usaban la Septuaginta o de los LXX porque varios de los nuevos cristianos fueron judíos de cultura griega, como, por ejemplo, Pablo de Tarso, Esteban, y los evangelistas san Lucas y san Marcos.

Así pues, las versiones Católicas de la Biblia constan de 73 escritos, en tanto que las versiones Protestantes sólo contienen 66, debido a que ellos consideran que siete libros impresos en las versiones Católicas (los Deuterocanónicos) sólo son "lectura edificante", pero no Canónica. Las versiones Ortodoxas, por su parte, incluyen 76 libros en total. Además, la Iglesia Ortodoxa etíope incluye como canónico en el Antiguo Testamento el libro de Enoc, que no incluye ninguna de las otras corrientes Cristianasy Judías.

La Biblia es un libro usado por todos los Cristianos, aun cuando no todos los grupos de Cristianos la lean asiduamente. Las Biblias Cristianas están constituidas por escritos Hebreos, Arameos y Griegos, que han sido retomados de la Biblia Griega, llamada Septuaginta, y del Tanaj Hebreo-Arameo, y luego reagrupados bajo el nombre de Antiguo Testamento. A estos se ha sumado una tercera serie de escritos Griegos Cristianos agrupados bajo el nombre de Nuevo Testamento. Distintos grupos cristianos han debatido largamente sobre la inclusión o exclusión de algunos de los libros de ambos Testamentos, surgiendo los conceptos de Apócrifos y Deuterocanónicos para hacer referencia a algunos de estos textos.

La comunidad judía actual reserva la expresión "Biblia Cristiana" para identificar sólo a los libros que han sido añadidos al Tanaj Hebreo-Arameo por el Judaísmo tardío Helenizante Alejandrino y luego por el Cristianismo, y evita referirse a su Tanaj en términos de "Biblia", o de "Antiguo Testamento". Varias denominaciones cristianas incorporan otros libros en el canon de ambos Testamentos.

El Antiguo Testamento es la colección de libros escritos antes de la vida de Jesús, pero aceptada por los cristianos como parte de la Sagrada Escritura. En términos generales, es la misma que la Biblia Hebrea, sin embargo, divide y ordena los libros de manera diferente y varía deljudaísmo en la interpretación y énfasis. (Véase, por ejemplo, Isaías 7: 14.).

Estos libros aparecen como referencias y como ampliación de lo escrito en la Biblia. Algunos libros, como Enoc, han sido tenidos por Apócrifos a pesar de haber sido referenciados en la Biblia.

La siguiente lista muestra los libros que no están a nuestra disposición hoy en día (excepto Enoc). Dichos libros son:

El libro del Convenio (Pacto o Alianza)
El libro de las batallas de Yahveh
El libro de Jaser
Un libro guardado delante de Yahveh
El libro de los Hechos de Salomón
El libro del Vidente Samuel, el libro del profeta Natán y el libro del vidente Gad
Profecías de Ahías el Silonita, y del vidente Iddo
Los libros del profeta Semaías
Las palabras de Jehú
Los hechos de Uzías
Los registros (o actas) de los Reyes de Israel
Las palabras de los Videntes
Un rollo con la palabra de Yahveh a Jeremías desde los días de Josías
Un libro de Jeremías contra de toda la maldad de Babilonia
Un libro de Memorias
Una Epístola anterior de Pablo a los Corintios
Otra Epístola de Pablo a los Efesios
La carta de Pablo a los Laodicenses
Las profecías de Enoc

A pesar de las objeciones de algunos críticos, existen pruebas que avalan la afirmación de que gran parte de la Biblia se ha conservado sin cambios importantes hasta nuestros días. Quienes no están de acuerdo con estas afirmaciones apelan a circunstancias tales como traducciones de un idioma a otro, copiado de manuscritos, opiniones divergentes en dogmas y/o destrucción deliberada. La Biblia no ha llegado hasta nuestros días como un volumen completo. Hallazgos tales como los manuscritos del Mar Muerto han mostrado que, en gran parte, los manuscritos de antes del siglo I de nuestra era, parecen presentar cambios menores.

Hay otros textos relevantes relacionados con la Biblia "original" como los escritos Apócrifos hallados en Egipto (NagHammadi) y Cisjordania (Qumrán, cerca del Mar Muerto), e incluso en países muy lejanos hacia el sur y el oriente. Estos han supuesto una nueva interrogante acerca de si ya estará completo el canon Bíblico, o habría que revisarlo de forma detallada.

Los defensores de la idea de que las escrituras Bíblicas son fieles y están completas, se basan en la cantidad de copias idénticas que, desde tiempos remotos, se ha realizado de las mismas. Los copistas Hebreos de las Escrituras, denominados Masoretas, que copiaron las escrituras Hebreas entre los siglos VI y X, solían contar las letras para evitar errores. El experto en la materia w. H. Green dice sobre las comparaciones entre textos antiguos y modernos lo siguiente:

Se puede decir sin temor a equivocarse que ninguna otra obra de la antigüedad se ha transmitido con tanta exactitud.

La palabra "Evangelio" es empleada por primera vez en la literatura cristiana por Pablo de Tarso en la primera Epístola a los Corintios (1Co 15: 1), escrita

probablemente en el año 57:
"os recuerdo, hermanos, el Evangelio que os anuncié, que recibisteis, y en el que habéis perseverado".

Dicho "Evangelio" consiste, según Pablo, en "Que Cristo murió por nuestros pecados, conforme a las Escrituras; y que fue sepultado, y que resucitó al tercer día, conforme a las Escrituras" "y que se apareció a Cefas (Pedro), y después a los doce. Después se apareció a más de quinientos hermanos a la vez, de los cuales muchos viven aún, y otros ya duermen. Después apareció a Jacobo; después a todos los apóstoles; y al último de todos, como a un abortivo, me apareció a mí".

¿CÓMO MURIERON LOS 12 DISCÍPULOS?

De los 12 discípulos de Cristo. El primero en morir fue Judas, quien se ahorcó luego de traicionar a su maestro. Posteriormente se eligió a Matías para sustituirlo, de Matías se conoce poco, solo se sabe que murió también crucificado.

Aun cuando algunos no eran discípulos de Jesús como Pablo, los discípulos que sobresalieron por su trabajo edificando la Iglesia están mencionados además de los relacionados en Lucas 6: 13-15.

Pablo no fue discípulo personal de Jesús, sino que fue convertido por Cristo luego de una visión que tuvo durante su camino a Damasco. Él era un perseguidor de cristianos y pasó a ser el principal propagador y base de la formación de la doctrina Cristiana. Por ser romano tuvo el privilegio de sufrir la pena capital por decapitación, no crucificado, siendo esa pena considerada menos dolorosa y más efectiva.

De los demás discípulos se conoce, por tradición oral, que sufrieron martirio, siendo Juan el único que sobrevivió al suyo, que consistió en ser hervido en aceite, y al ver que milagrosamente quedaba intacto, el emperador Domiciano le conmuta la pena por el destierro a la isla de Patmos, donde escribe el Apocalipsis y se cree que murió en Éfeso a los 103 años de edad.

Santiago el mayor tiene el privilegio de ser el primero de los Apóstoles en morir como mártir, y muere decapitado por órdenes de Herodes Agripa. Su cabeza y cuerpo fueron recuperados por sus discípulos y se encuentran en España, precisamente en Santiago de Compostella.

Santiago el menor fue lanzado desde lo alto del templo de Jerusalén, pero, al quedar vivo, un soldado le aplasto la cabeza con un mazo.

Bartolomé fue desollado vivo en Albania, ciudad de Armenia. Este hecho ha sido fuente de inspiración de muchos artistas.

Andrés fue crucificado en una cruz que ahora lleva su nombre, y que tiene la forma de una x, su martirio duro 2 días.

Felipe muere apedreado en la ciudad de Frigia en Asia menor en el año 54 d. C.

Simón muere cortado por la mitad con una sierra.

Tadeo, (llamado san Judas Tadeo), muere a garrotazos y decapitado en Persia, por eso se le representa con un mazo o bastón en la mano izquierda.

Pedro muere crucificado de cabeza por órdenes del emperador Nerón.

Mateo (llamado Leví, el recaudador de impuestos) muere de una estocada o golpe de espada por la espalda.

Les doy ejemplos rápidos de las demás muertes:
Tomas se cree que murió atravesado de abajo a arriba por unas lanzas.
Jacobo, hijo de Zebedeo: decapitado en el año 44 dC.
Jacobo el menor fue apedreado. Su cerebro quedó expuesto.
Matías (el reemplazante de Judas) apedreado y después fue crucificado.
Marcos fue descuartizado.

Hubo otros Apóstoles que también murieron por el evangelio.

A estos hechos se refiere Pablo, cuando dice de los cristianos, "ser los más dignos de lastima", si la resurrección no existe, ¿porque padecer de tal forma, durante años, y hasta la muerte?

Hebreos 11: 6
Pero sin fe es imposible agradar a Dios; porque es necesario que el que se acerca a Dios crea que le hay, y que es galardonador de los que le buscan.
Amén.

Capítulo 4:

EL CREDO

El Credo Del Cristiano

Testigos Presenciales De La Gloria De Cristo

2ª Pedro 1: 16-21
Porque no os hemos dado a conocer el poder y la venida de nuestro Señor Jesucristo siguiendo fábulas artificiosas, sino como habiendo visto con nuestros propios ojos su majestad. Pues cuando él recibió de Dios Padre honra y gloria, le fue enviada desde la magnífica gloria una voz que decía: Este es mi Hijo amado, en el cual tengo complacencia. Y nosotros oímos esta voz enviada del cielo, cuando estábamos con él en el monte santo. Tenemos también la palabra profética más segura, a la cual hacéis bien en estar atentos como a una antorcha que alumbra en lugar oscuro, hasta que el día esclarezca y el lucero de la mañana salga en vuestros corazones; entendiendo primero esto, que ninguna profecía de la Escritura es de interpretación privada, porque nunca la profecía fue traída por voluntad humana, sino que los santos hombres de Dios hablaron siendo inspirados por el Espíritu Santo.

Mucha gente pierde a sus seres amado, ya sean hijos, padres, esposos, parientes o amigos y nosotros ignoramos lo que nos depara el futuro para el resto de nuestras vidas. Hay que ser fuertes para poder resistir una perdida tan grande e irremplazable, así que siempre tenemos que orar para que el Señor nos de fuerzas y, que, al hacerse su voluntad, sea lo menos doloroso, tanto para nuestros seres queridos como para nosotros.

Nuestro estado natural es nacer, crecer, reproducirnos y morir pero nunca nos hacemos a la idea de que tengamos un final inesperado; nadie puede decir a qué hora morirá aunque ya estuviera condenado a muerte por algún motivo. Si una persona no ha entregado su vida a Cristo, puede tener una muerte repentina y no tendría tiempo de poner sea cuentas con Dios, pero los que buscamos de Dios, tenemos puesta nuestra esperanza en la salvación que Cristo nos da y en Dios, así que no tememos a la muerte y, en ocasiones, la anhelamos porque sabemos que en Cristo está nuestra esperanza de vida eterna.

Los recién nacidos y los pequeños son de Dios, no importa su estado ni si son bautizados o no. Ellos no necesitan esta esperanza porque Cristo dijo: "Dejad a los niños venir a mí, y no se lo impidáis; porque de los tales es el reino de los Cielos" (Mateo 19: 14) y también dijo que el que no fuera inocente como uno de estos pequeñitos, no entrará en reino de los Cielos (Mt 18: 3). Recordemos que el pecado del hombre fue comer del fruto del conocimiento del bien y del mal, así que, mientras los pequeños sean inocentes, no tendrá problemas con los pecados; yo creo que el pecado apenas comienza con la pubertad, pero, como todo, eso solo es una suposición, ya que no se sabe a qué edad empieza realmente el hombre a conocer el pecado.

El bautizo de Juan era para remisión o redención de los pecados con los que nacimos; como tenemos una naturaleza pecaminosa, pecamos deliberadamente; padecemos del pecado original (cuando Adán come del árbol del conocimiento del bien y del mal) ya que heredamos esa tendencia a hacer lo malo, pero sólo es pecado cuando lo hacemos conscientemente, por eso no importa si los niños son bautizados, ellos no tienen convicción de pecado porque no conocen la diferencia entre el bien y el mal. El bautizo es para lavarnos de nuestros pecados, y sirve para representar la muerte del viejo hombre y la resurrección del nuevo hombre. Cristo vino a morir por nosotros y a limpiarnos con su sangre por el amor tan grande que Dios tiene para nosotros.

Mateo 18: 13
Y si acontece que la encuentra, de cierto os digo que se regocija más por aquélla, que por las noventa y nueve que no se descarriaron. Así, no es la voluntad de vuestro Padre que está en los cielos, que se pierda uno de estos pequeños.

Mateo 19: 13-14
Entonces le fueron presentados unos niños, para que pusiese las manos sobre ellos, y orase; y los discípulos les reprendieron. Pero Jesús dijo: Dejad a los niños venir a mí, y no se lo impidáis; porque de los tales es el reino de los cielos.

Marcos 9: 36-37
Y tomó a un niño, y lo puso en medio de ellos; y tomándole en sus brazos, les dijo: El que reciba en mi nombre a un niño como este, me recibe a mí; y el que a mí me recibe, no me recibe a mí sino al que me envió.

Algunos ven sufrir a un ser querido y piden que se apresure su muerte, otros reniegan por su muerte prematura, etc. Como mencioné antes tenemos que orar; nuestra obligación es orar y agradecer a Dios, esto hará que el propósito de Dios se cumpla lo antes posible y con el mínimo de sufrimiento de nuestros seres queridos; esto no quiere decir que no debamos orar paraqué sanen o por un milagro. La diferencia al enfrentar la muerte de nuestros seres amados la hace nuestra fe y nuestra relación con Dios, ya que dependemos de Su voluntad.

Filipenses 4: 6-7
Por nada estéis afanosos, sino sean conocidas vuestras peticiones delante de Dios en toda oración y ruego, con acción de gracias. Y la paz de Dios, que sobrepasa todo entendimiento, guardará vuestros corazones y vuestros pensamientos en Cristo Jesús.

¿QUÉ ES EL CREDO?

Gran parte de los jóvenes cristianos y algunos adultos, desconocen esta palabra y, por lo mismo, desconocen el trasfondo del credo; el credo es la base de nuestra fe, es lo que creemos como cristianos, y si usted no cree, no importa, porque lo que a continuación relato es una realidad para los cristianos, aun cuando no conozcan mucho de la Palabra. La fe es un regalo de Dios y usted puede terminar por aceptar esa misma fe al terminar de leer este capítulo.

¿Que Dice El Credo?

Creo en Dios Padre, Todopoderoso, creador del cielo y de la tierra. Y en Jesucristo, su único Hijo, nuestro Señor, que fue concebido por obra y gracia del Espíritu Santo, y nació de una virgen, padeció bajo el poder de Poncio Pilato, fue crucificado, muerto y sepultado, descendió a los infiernos, al tercer día resucitó de entre los muertos, subió a los cielos, está sentado a la derecha de Dios Padre Todopoderoso y desde allí ha de venir a juzgar a vivos y muertos. Creo en el Espíritu Santo, la santa iglesia universal, la comunión de los santos, el perdón de los pecados, la resurrección de los muertos, y la vida eterna. Amén.

El Credo De Un Amigo Muerto

Mi amigo era, para la mayoría de los que lo conocieron, un gran amigo y una persona con mucha tolerancia. Para mí era un hermano en Cristo, comprometido en todos los sentidos. Por lo general, nos referíamos a él como "Mor" (amor); yo lo apreciaba y por eso realicé una carta basada en este tema de la que vamos a ver varios puntos, para dar testimonio del credo que mantiene nuestra esperanza y para que su familia tuviera el consuelo de esa esperanza que vive en el cristiano. Y ese credo es de lo que trata este capítulo.

El mayor de los anhelos de los cristianos es estar en la presencia de Dios, todo pasa a segundo término en la muerte (los que duermen).

Filipenses 1: 21
Porque para mí el vivir es Cristo, y el morirá es ganancia.

Romanos 14: 8
Pues si vivimos, para el Señor vivimos; y si morimos, para el Señor morimos. Así pues, sea que vivamos, o que muramos, del Señor somos.

En Cristo tenemos la salvación y restauración de nuestras vidas, de nuestras finanzas, nuestra salud o problemas de todo tipo, pero sobre todo nuestra esperanza está en la resurrección y vida eterna que nos espera.

hermanos a la vez, de los cuales muchos viven aún, y otros ya duermen. LA RESURRECCIÓN DE CRISTO

1ª Corintios 15
Además os declaro, hermanos, el evangelio que os he predicado, el cual también recibisteis, en el cual también perseveráis; por el cual asimismo, si retenéis la palabra que os he predicado, sois salvos, si no creísteis en vano. Porque primeramente os he enseñado lo que asimismo recibí: Que Cristo murió por nuestros pecados, conforme a las

Escrituras; y que fue sepultado, y que resucitó al tercer día, conforme a las Escrituras; y que apareció a Cefas, y después a los doce. Después apareció a más de quinientos

Después apareció a Jacobo; después a todos los apóstoles; y al último de todos, como a un abortivo, me apareció a mí. Porque yo soy el más pequeño de los apóstoles, que no soy digno de ser llamado apóstol, porque perseguí a la iglesia de Dios. Pero por la gracia de Dios soy lo que soy; y su gracia no ha sido en vano para conmigo, antes he trabajado más que todos ellos; pero no yo, sino la gracia de Dios conmigo. Porque o sea yo o sean ellos, así predicamos, y así habéis creído. Pero si se predica de Cristo que resucitó de los muertos, ¿cómo dicen algunos entre vosotros que no hay resurrección de muertos? Porque si no hay resurrección de muertos, tampoco Cristo resucitó. Y si Cristo no resucitó, vana es entonces nuestra predicación, vana es también vuestra fe. Y somos hallados falsos testigos de Dios; porque hemos testificado de Dios que él resucitó a Cristo, al cual no resucitó, si en verdad los muertos no resucitan. Porque si los muertos no resucitan, tampoco Cristo resucitó; Y si Cristo no resucitó, vuestra fe es vana; aún estáis en vuestros pecados. Entonces también los que durmieron en Cristo perecieron. Si en esta vida solamente esperamos en Cristo, somos los más dignos de conmiseración de todos los hombres. Mas ahora Cristo ha resucitado de los muertos; primicias de los que durmieron es hecho.

Porque por cuanto la muerte entró por un hombre, también por un hombre la resurrección de los muertos. Porque, así como en Adán todos mueren, también en Cristo todos serán vivificados. Pero cada uno en su debido orden: Cristo, las primicias; luego los que son de Cristo, en su venida. Luego el fin, cuando entregue el reino al Dios y Padre, cuando haya suprimido todo dominio, toda autoridad y potencia. Porque preciso es que él reine hasta que haya puesto a todos sus enemigos debajo de sus pies. Y el postrer enemigo que será destruido es la muerte. Porque todas las cosas las sujetó debajo de sus pies. Y cuando dice que todas las cosas han sido sujetadas a él, claramente se exceptúa aquel que sujetó a él todas las cosas. Pero luego que todas las cosas le estén sujetas, entonces también el Hijo mismo se sujetará al que le sujetó a él todas las cosas, para que Dios sea todo en todos.

De otro modo, ¿qué harán los que se bautizan por los muertos, si en ninguna manera los muertos resucitan? ¿Por qué, pues, se bautizan por los muertos? ¿Y por qué nosotros peligramos a toda hora? Os aseguro, hermanos, por la gloria que de vosotros tengo en nuestro Señor Jesucristo, que cada día muero.

Si como hombre batallé en Éfeso contra fieras, ¿qué me aprovecha? Si los muertos no resucitan, comamos y bebamos, porque mañana moriremos. No erréis; las malas conversaciones corrompen las buenas costumbres. Velad debidamente, y no pequéis; porque algunos no conocen a Dios; para vergüenza vuestra lo digo. Pero dirá alguno: ¿Cómo resucitarán los muertos? ¿Con qué cuerpo vendrán? Necio, lo que tú siembras no se vivifica, si no muere antes. Y lo que siembras no es el cuerpo que ha de salir, sino el grano desnudo, ya sea de trigo o de otro grano; pero Dios le da el cuerpo como él quiso, y a cada semilla su propio cuerpo. No toda carne es la misma carne, sino que una carne es la de los hombres, otra carne la de las bestias, otra la de los peces, y otra la de las aves. Y hay cuerpos celestiales, y cuerpos terrenales; pero una es la gloria de los celestiales, y otra la de los terrenales. Una es la gloria del sol, otra la gloria de la luna, y otra la gloria de las estrellas, pues una estrella es diferente de otra en gloria.

Así también es la resurrección de los muertos. Se siembra en corrupción, resucitará en incorrupción. Se siembra en deshonra, resucitará en gloria; se siembra en debilidad, resucitará en poder. Se siembra cuerpo animal, resucitará cuerpo espiritual. Hay cuerpo animal, y hay cuerpo espiritual. Así también está escrito: Fue hecho el primer hombre Adán alma viviente; el postrer Adán, espíritu vivificante. Mas lo espiritual no es primero, sino lo animal; luego lo espiritual. El primer hombre es de la tierra, terrenal; el segundo hombre, que es el Señor, es del cielo. Cual el terrenal, tales también los terrenales; y cual el celestial, tales también los celestiales. Y así como hemos traído la imagen del terrenal, traeremos también la imagen del celestial. Pero esto digo, hermanos: que la carne y la sangre no pueden heredar el reino de Dios, ni la corrupción hereda la incorrupción. He aquí, os digo un misterio: No todos dormiremos; pero todos seremos transformados, en un momento, en un abrir y cerrar de ojos, a la final trompeta; porque se tocará la trompeta, y los muertos serán resucitados incorruptibles, y nosotros seremos transformados.

Porque es necesario que esto corruptible se vista de incorrupción, y esto mortal se vista de inmortalidad. Y cuando esto corruptible se haya vestido de incorrupción, y esto mortal se haya vestido de inmortalidad, entonces se cumplirá la palabra que está escrita: Sorbida es la muerte en victoria. ¿Dónde está, oh muerte, tu aguijón? ¿Dónde, oh sepulcro, tu victoria? Ya que el aguijón de la muerte es el pecado, y el poder del pecado, la ley. Más gracias sean dadas a Dios, que nos da la victoria por medio de nuestro Señor Jesucristo. Así que, hermanos míos amados, estad. Firmes y constantes, creciendo en la obra del Señor siempre, sabiendo que vuestro trabajo en el Señor no es en vano.

JESÚS RESUCITA Y ENSEÑÁ A SUS DISCÍPULOS

Hechos 1: 3-5
A quienes también, después de haber padecido, se presentó vivo con muchas pruebas indubitables, apareciéndoseles durante cuarenta días y hablándoles acerca del reino de Dios. Y estando juntos, les mandó que no se fueran de Jerusalén, sino que esperasen la promesa del Padre, la cual, les dijo, oísteis de mí. Porque Juan ciertamente bautizó con agua, más vosotros seréis bautizados con el Espíritu Santo dentro de no muchos días.

Muchas personas no saben ni siquiera quien es Jesús realmente y no conocen el plan de salvación de Dios para sus hijos.

La historia del pueblo judío habla de los años de cautiverio que vivieron en Egipto, de su posterior liberación, de la creación de los cristianos y su persecución y martirio en el circo Romano. En los 4 Evangelios sólo se relatan algunos pasajes donde Jesucristo envía a sus discípulos a predicar a toda criatura, pero lo que les haya dicho a detalle con respecto a alguna otra cosa, nadie lo comenta. Todo está escrito en papiros y en los rollos encontrados en el Mar Muerto, que eran algunas copias de los manuscritos originales qué hablaban, en algunas partes, sobre las plagas y las profecías, Cristo es actualmente reconocido por el pueblo judío como un profeta, y lo llaman "La Rosa Blanca de Sarón".

Capítulo 5:

Tenemos fe en un Dios vivo que se manifestó en diferentes ocasiones, pero su poder fue más evidente cuando eliminó a los egipcios para liberar al pueblo judío. Las plagas que azotaron a Egipto, sólo las sufrieron los egipcios; los judíos que vivían a un lado de los egipcios, no padecieron por esas plagas; aun cuando Dios mató a todos los primogénitos de los egipcios, incluyendo al hijo del Faraón, de los primogénitos de los judíos no murió ninguno.

El poder de Dios también se manifestó desde el primer momento que salieron de Egipto. Los guió con un remolino de fuego y, cuando fueron perseguidos por los egipcios y acorralados en el Mar Rojo, el remolino los rodeó y se interpuso entre ellos y los egipcios hasta que terminaron de cruzar el mar. Durante los 40 años que anduvieron en el desierto Dios los alimentó con maná (pan), con carne y agua todos los días; el maná caía del cielo y sólo podían recoger diariamente la porción que necesitaban para un día, y que no podían guardar para el día siguiente porque se echaba a perder; pero para el día de reposo sí podían recoger, un día antes, la porción de dos días, para no tener que recoger el maná en el día de reposo. Con esto se confirmaba que Dios les sustentaba. El agua la sacaron, en ocasiones, de las piedras, bueno más bien Dios se las daba aún de la Peña (roca).

Donde se ponía el remolino ellos instalaban el del Tabernáculo y cada que la columna de nube y fuego (el remolino) se movía, el pueblo lo seguía hasta que el remolino se detenía, ya que ahí estaba la presencia de Dios. Así, durante 40 años, Dios sostuvo a unos seiscientos mil hombres que salieron de Egipto, sin contar mujeres y niños (Génesis 12: 37), hasta que entraron a la tierra prometida. Al principio de esos cuarenta años Dios les da los 10 mandamientos para que se rijan con las tablas de la ley (Éxodo 20: 1-17).

Por la naturaleza pecaminosa del hombre, Dios estipuló que, para obtener el perdón de pecados, tenían que hacer sacrificios de animales, para que los pecados fueran limpiados con la sangre de esos animales, solo así habría perdón de pecados.

Anexo unas referencias para que puedan ver como estaba construido el Tabernáculo el cual se dividía en varias partes. Una de esas partes era el Lugar Santísimo, en donde ponían el Arca del Pacto, que era en dónde se manifestaba Dios. En ese lugar solo podía entrar el sacerdote una vez al año para la expiación de los pecados del pueblo; tenía que estar limpio de pecado y vestirse con un traje que tenía unas campanitas, y se amarraba una cuerda en la cintura; cuando caminaba se oían las campanitas, si se dejaban de oír era porque el sacerdote había muerto; entonces retiraban el cuerpo jalando de la cuerda, porque si alguien trataba de entrar a ese lugar donde estaba la presencia de Dios, moría. El Lugar Santísimo estaba separado del Lugar Santo por unas cortinas, y fueron las que se rasgaron cuando murió Jesucristo.

Hebreos 10
Porque la ley, teniendo la sombra de los bienes venideros, no la imagen misma de las cosas, nunca puede, por los mismos sacrificios que se ofrecen continuamente cada año, hacer perfectos a los que se acercan. De otra manera cesarían de ofrecerse, pues los que tributan este culto, limpios una vez, no tendrían ya más conciencia de pecado. Pero en estos sacrificios cada año se hace memoria de los pecados; porque la sangre de los toros y de los machos cabríos no puede quitar los pecados. Por lo cual, entrando en el mundo dice: Sacrificio y ofrenda no quisiste; Mas me preparaste cuerpo. Holocaustos y expiaciones por el pecado no te agradaron. Entonces dije: He aquí que vengo, oh Dios, para hacer tu voluntad, Como en el rollo del libro está escrito de mí.

Diciendo primero: Sacrificio y ofrenda y holocaustos y expiaciones por el pecado no quisiste, ni te agradaron (las cuales cosas se ofrecen según la ley), y diciendo luego: He aquí que vengo, oh Dios, para hacer tu voluntad; quita lo primero, para establecer esto último. En esa voluntad somos santificados mediante la ofrenda del cuerpo de Jesucristo hecha una vez para siempre. Y ciertamente todo sacerdote está día tras día ministrando y ofreciendo muchas veces los mismos sacrificios, que nunca pueden quitar los pecados; pero Cristo, habiendo ofrecido una vez para siempre un solo sacrificio por los pecados, se ha sentado a la diestra de Dios, de ahí en adelante esperando hasta que sus enemigos sean puestos por estrado de sus pies; porque con una sola ofrenda hizo perfectos para siempre a los santificados.

Y nos atestigua lo mismo el Espíritu Santo; porque después de haber dicho: Este es el pacto que haré con ellos, Después de aquellos días, dice el Señor: Pondré mis leyes en sus corazones, Y en sus mentes las escribiré, añade: Y nunca más me acordaré de sus pecados y transgresiones. Pues donde hay remisión de éstos, no hay más ofrenda por el pecado. Así que, hermanos, teniendo libertad para entrar en el Lugar Santísimo por la sangre de Jesucristo, por el camino nuevo y vivo que él nos abrió a través del velo, esto es, de su carne, y teniendo un gran sacerdote sobre la casa de Dios, acerquémonos con corazón sincero, en plena certidumbre de fe, purificados los corazones de mala conciencia, y lavados los cuerpos con agua pura. Mantengamos firme, sin fluctuar, la profesión de nuestra esperanza, porque fiel es el que prometió. Y considerémonos unos a otros para estimularnos al amor y a las buenas obras; no dejando de congregarnos, como algunos tienen por costumbre, sino exhortándonos; y tanto más, cuanto veis que aquel día se acerca. Porque si pecáremos voluntariamente después de haber recibido el conocimiento de la verdad, ya no queda más sacrificio por los pecados, sino una horrenda expectación de juicio, y de hervor de fuego que ha de devorar a los adversarios.

El que viola la ley de Moisés, por el testimonio de dos o de tres testigos muere irremisiblemente. ¿Cuánto mayor castigo pensáis que merecerá el que pisoteare al Hijo de Dios, y tuviere por inmunda la sangre del pacto en la cual fue santificado, e hiciere afrenta al Espíritu de gracia? Pues conocemos al que dijo: Mía es la venganza, yo daré el pago, dice el Señor. Y otra vez: El Señor juzgará a su pueblo. ¡Horrenda cosa es caer en manos del Dios vivo! Pero traed a la memoria los días pasados, en los cuales, después de haber sido iluminados, sostuvisteis gran combate de padecimientos; por una parte, ciertamente, con vituperios y tribulaciones fuisteis hechos espectáculo; y por otra, llegasteis a ser compañeros de los que estaban en una situación semejante.

Porque de los presos también os compadecisteis, y el despojo de vuestros bienes sufristeis con gozo, sabiendo que tenéis en vosotros una mejor y perdurable herencia en los cielos. No perdáis, pues, vuestra confianza, que tiene grande galardón; porque os es necesaria la paciencia, para que habiendo hecho la voluntad de Dios, obtengáis la promesa. Porque aún un poquito, Y el que ha de venir vendrá, y no tardará. Mas el justo vivirá por fe; Y si retrocediere, no agradará a mi alma. Pero nosotros no somos de los que retroceden para perdición, sino de los que tienen fe para preservación del alma.

Muchas personas no saben ni siquiera quien es Jesús realmente y no conocen el plan de salvación de Dios para sus hijos.

UN DIOS TRINO

1ª Juan 5: 7
Porque tres son los que dan testimonio en el cielo: el Padre, el Verbo (el hijo) y el Espíritu Santo; y estos tres son uno.

Juan 3: 16
Porque de tal manera amó Dios al mundo, que ha dado a su Hijo unigénito, para que todo aquel que en él cree, no se pierda, mas tenga vida eterna.

Una vez aceptado el sacrificio de Cristo por medio de una oración (de arrepentimiento de nuestros pecados), la persona busca estar a la altura de la estatura del varón perfecto (Jesús), y para esto tenemos la ayuda del Espíritu Santo. Tenemos que orar y leer de continuo la Biblia para acrecentar la fe y fortalecer al Espíritu Santo que viene a morar en nosotros. Es importante que después de pedir perdón y recibir el sacrificio de Cristo, oremos para que el Señor envié a su Espíritu a guiarnos y a morar en nosotros.

DIOS NOS PIDE QUE SEAMOS SANTOS

Éxodo 28: 36-38a
Harás además una lámina de oro fino, y grabarás en ella como grabadura de sello, SANTIDAD A JEHOVÁ. Y la pondrás con un cordón de azul, y estará sobre la mitra; por la parte delantera de la mitra estará. Y estará sobre la frente de Aarón.

Isaías 35: 8
Y habrá allí calzada y camino, y será llamado Camino de Santidad; no pasará inmundo por él, sino que él mismo estará con ellos; el que anduviere en este camino, por torpe que sea, no se extraviará.

El pone sus leyes en nuestros corazones para que le sirvamos de una manera eficiente, aun cuando desconocemos de su palabra.

Hebreos 10: 16-17
Este es el pacto que haré con ellos. Después de aquellos días, dice el Señor: Pondré mis leyes en sus corazones, Y en sus mentes las escribiré, Añade: Y nunca más me acordaré de sus pecados y transgresiones.

Hebreos 8: 10, Jeremías 31: 33
Por lo cual, este es el pacto que haré con la casa de Israel Después de aquellos días, dice el Señor: Pondré mis leyes en la mente de ellos, Y sobre su corazón las escribiré; Y seré a ellos por Dios, Y ellos me serán a mí por pueblo;

Las profecías que hablan de la resurrección de los muertos dicen que los que duermen (los muertos) estarán de forma inmediata en el cielo en espíritu y alma. Cuando el Señor Jesucristo venga resucitarán los muertos primero, luego nosotros, los que estemos vivos, los que hayamos quedado, seremos arrebatados y transformados juntamente con ellos en las nubes para recibir al Señor Jesucristo en el aire y, así, estaremos siempre con el Señor.

De estos resucitados Cristo es el primero como lo vimos en otros capítulos, y le sigue la resurrección de todos los vivos y los muertos. (1ª Corintios 15).

Somos coherederos con Cristo, somos hijos de Dios por el sacrificio de Cristo al morir por nosotros.

Gálatas 4: 6-7
Y por cuanto sois hijos, Dios envió a vuestros corazones el Espíritu de su Hijo, el cual clama: ¡Haba, Padre! Así que ya no eres esclavo, sino hijo; y si hijo, también heredero de Dios por medio de Cristo.

La resurrección de los muertos está mencionada en varios versículos de la Biblia donde profetizan la transformación de los cuerpos.

Filipenses 3: 21
El cual transformará el cuerpo de la humillación nuestra, para que sea semejante al cuerpo de la gloria suya, por el poder con el cual puede también sujetar a sí mismo todas las cosas.

Romanos 6: 5
Porque si fuimos plantados juntamente con él en la semejanza de su muerte, así también lo seremos en la de su resurrección;

La Multitud Vestida De Ropas Blancas

Apocalipsis 7: 9-17
Después de esto miré, y he aquí una gran multitud, la cual nadie podía contar, de todas naciones y tribus y pueblos y lenguas, que estaban delante del trono y en la presencia del Cordero, vestidos de ropas blancas, y con palmas en las manos; y clamaban a gran voz, diciendo: La salvación pertenece a nuestro Dios que está sentado en el trono, y al Cordero. Y todos los ángeles estaban en pie alrededor del trono, y de los ancianos y de los cuatro seres vivientes; y se postraron sobre sus rostros delante del trono, y adoraron a Dios, diciendo: Amén. La bendición y la gloria y la sabiduría y la acción de gracias y la honra y el poder y la fortaleza, sean a nuestro Dios por los siglos de los siglos. Amén.

Entonces uno de los ancianos habló, diciéndome: Estos que están vestidos de ropas blancas, ¿quiénes son, y de dónde han venido? Yo le dije: Señor, tú lo sabes. Y él me dijo: Estos son los que han salido de la gran tribulación, y han lavado sus ropas, y las han emblanquecido en la sangre del Cordero. Por esto están delante del trono de Dios, y le sirven día y noche en su templo; y el que está sentado sobre el trono extenderá su tabernáculo sobre ellos. Ya no tendrán hambre ni sed, y el sol no caerá más sobre ellos, ni calor alguno; porque el Cordero que está en medio del trono los pastoreará, y los guiará a fuentes de aguas de vida; y Dios enjugará toda lágrima de los ojos de ellos

LA NUEVA JERUSALÉN
¿Dónde Viviremos Y Qué Haremos?

Apocalipsis 21: 9-27

Vino entonces a mí uno de los siete ángeles que tenían las siete copas llenas de las siete plagas postreras, y habló conmigo, diciendo: Ven acá, yo te mostraré la desposada, la esposa del Cordero. Y me llevó en el Espíritu a un monte grande y alto, y me mostró la gran ciudad santa de Jerusalén, que descendía del cielo, de Dios, teniendo la gloria de Dios. Y su fulgor era semejante al de una piedra preciosísima, como piedra de jaspe, diáfana como el cristal. Tenía un muro grande y alto con doce puertas; y en las puertas, doce ángeles, y nombres inscritos, que son los de las doce tribus de los hijos de Israel; al oriente tres puertas; al norte tres puertas; al sur tres puertas; al occidente tres puertas. Y el muro de la ciudad tenía doce cimientos, y sobre ellos los doce nombres de los doce apóstoles del Cordero.

El que hablaba conmigo tenía una caña de medir, de oro, para medir la ciudad, sus puertas y su muro. La ciudad se halla establecida en cuadro, y su longitud es igual a su anchura; y él midió la ciudad con la caña, doce mil estadios; la longitud, la altura y la anchura de ella son iguales. Y midió su muro, ciento cuarenta y cuatro codos, de medida de hombre, la cual es de ángel. El material de su muro era de jaspe; pero la ciudad era de oro puro, semejante al vidrio limpio; y los cimientos del muro de la ciudad estaban adornados con toda piedra preciosa.

El primer cimiento era jaspe; el segundo, zafiro; el tercero, ágata; el cuarto, esmeralda; el quinto, ónice; el sexto, cornalina; el séptimo, crisolito; el octavo, berilo; el noveno, topacio; el décimo, crisopraso; el undécimo, jacinto; el duodécimo, amatista. Las doce puertas eran doce perlas; cada una de las puertas era una perla. Y la calle de la ciudad era de oro puro, transparente como vidrio. Y no vi en ella templo; porque el Señor Dios Todopoderoso es el templo de ella, y el Cordero. La ciudad no tiene necesidad de sol ni de luna que brillen en ella; porque la gloria de Dios la ilumina, y el Cordero es su lumbrera. Y las naciones que hubieren sido salvas andarán a la luz de ella; y los reyes de la tierra traerán su gloria y honor a ella.

Sus puertas nunca serán cerradas de día, pues allí no habrá noche. Y llevarán la gloria y la honra de las naciones a ella. No entrará en ella ninguna cosa inmunda, o que hace abominación y mentira, sino solamente los que están inscritos en el libro de la vida del Cordero.

El Juicio

Apocalipsis 14: 6-7
Vi volar por en medio del cielo a otro ángel, que tenía el evangelio eterno para predicarlo a los moradores de la tierra, a toda nación, tribu, lengua y pueblo, diciendo a gran voz: Temed a Dios, y dadle gloria, porque la hora de su juicio ha llegado; y adorad a aquel que hizo el cielo y la tierra, el mar y las fuentes de las aguas.

El Día Del Señor Vendrá

2ª Pedro 3: 7-14
Pero los cielos y la tierra que existen ahora, están reservados por la misma palabra,

guardados para el fuego en el día del juicio y de la perdición de los hombres impíos. Más, oh amados, no ignoréis esto: que para con el Señor un día es como mil años, y mil años como un día. El Señor no retarda su promesa, según algunos la tienen por tardanza, sino que es paciente para con nosotros, no queriendo que ninguno perezca, sino que todos procedan al arrepentimiento. Pero el día del Señor vendrá como ladrón en la noche; en el cual los cielos pasarán con grande estruendo, y los elementos ardiendo serán deshechos, y la tierra y las obras que en ella hay serán quemadas. Puesto que todas estas cosas han de ser deshechas, ¡cómo no debéis vosotros andar en santa y piadosa manera de vivir, esperando y apresurándoos para la venida del día de Dios, en el cual los cielos, encendiéndose, serán deshechos, y los elementos, siendo quemados, se fundirán! Pero nosotros esperamos, según sus promesas, cielos nuevos y tierra nueva, en los cuales mora la justicia. Por lo cual, oh amados, estando en espera de estas cosas, procurad con diligencia ser hallados por él sin mancha e irreprensibles, en paz.

Falta comentar sobre las profecías que vienen y que ya están enmarcando las señales de los últimos tiempos. Cuando las naciones vean que las profecías se cumplen se lamentarán por no haber creído.

LA FE ES UN DON DE DIOS

Hebreos 11: 1
Es, pues, la fe la certeza de lo que se espera, la convicción de lo que no se ve.

Efesios 2: 8
Porque por gracia sois salvos por medio de la fe; y esto no de vosotros, pues es don de Dios.
Esta es nuestra esperanza que resucitemos como Jesús nos lo promete.

La gente se engaña con teorías simples diciendo que el cielo o el infierno están aquí, en la tierra, y también dicen que todos los dioses son uno mismo; la Biblia dice que son gentes que se justifican de esa manera para hacer las cosas a su conveniencia. Existe un cielo, y un infierno preparado para los que no acepten el sacrificio de Cristo, esto es un hecho; hay gente que cree en fantasmas o cosas paranormales, pero no cree en Dios ni en Cristo, aun cuando la vida de Jesús fue un ejemplo que ha perdurado en la historia. Él mismo echó fuera demonios y los demonios le reconocen como El Hijo de Dios.

Lucas 16: 19-31
Había un hombre rico, que se vestía de púrpura y de lino fino, y hacía cada día banquete con esplendidez. Había también un mendigo llamado Lázaro, que estaba echado a la puerta de aquél, lleno de llagas, y ansiaba saciarse de las migajas que caían de la mesa del rico; y aun los perros venían y le lamían las llagas. Aconteció que murió el mendigo, y fue llevado por los ángeles al seno de Abraham; y murió también el rico, y fue sepultado. Y en el Hades alzó sus ojos, estando en tormentos, y vio de lejos a Abraham, y a Lázaro en su seno. Entonces él, dando voces, dijo: Padre Abraham, ten misericordia de mí, y envía a Lázaro para que moje la punta de su dedo en agua, y refresque mi lengua; porque estoy atormentado en esta llama.

Pero Abraham le dijo: Hijo, acuérdate que recibiste tus bienes en tu vida, y Lázaro también males; pero ahora éste es consolado aquí, y tú atormentado. Además de todo esto, una gran sima está puesta entre nosotros y vosotros, de manera que los que quisieren pasar de aquí a vosotros, no pueden, ni de allá pasar acá. Entonces le dijo: Te ruego, pues, padre, que le envíes a la casa de mi padre, porque tengo cinco hermanos, para que les testifique, a fin de que no vengan ellos también a este lugar de tormento. Y Abraham le dijo: A Moisés y a los profetas tienen; óiganlos. Él entonces dijo: No, padre Abraham; pero si alguno fuere a ellos de entre los muertos, se arrepentirán. Mas Abraham le dijo: Si no oyen a Moisés y a los profetas, tampoco se persuadirán, aunque alguno se levantare de los muertos.

Este es nuestro credo: que Dios es el único Dios verdadero y no hay otra deidad fuera de Él, que está formado por un Dios trino (por el Padre, el Hijo y el Espíritu Santo) y que entrego a Jesús para perdón de nuestros pecados. Que Cristo nació de una virgen, murió, bajó al infierno por nuestros pecados y por los santos que estaban en el seno de Abraham, y resucitó al tercer día, que Cristo es primicia de los que resucitaremos para estar en la gloria de Dios por toda la eternidad.

Dios te ama no lo olvides, no por que seas bueno o malo, porque aun cuando tus pecados sean rojos como la grana, Dios te está esperando, sólo acepta el sacrificio que hizo Jesús por ti, entrégale tu vida y arrepiéntete de tus pecados.

Creemos en el único Dios verdadero y en Jesús vivo, intercediendo por nosotros en todo momento. Y así como Jesús resucito, los que le amamos seremos resucitados.

Mi amigo tenia este credo; en muchas ocasiones platicamos de la fe y la resurrección y yo tengo la seguridad que él está en este momento, durmiendo y en espera de la transformación de su cuerpo para estar eternamente en presencia de Dios.

Romanos 8
Viviendo en el Espíritu de Dios.
Ahora, pues, ninguna condenación hay para los que están en Cristo Jesús, los que no andan conforme a la carne, sino conforme al Espíritu. Porque la ley del Espíritu de vida en Cristo Jesús me ha librado de la ley del pecado y de la muerte. Porque lo que era imposible para la ley, por cuanto era débil por la carne, Dios, enviando a su Hijo en semejanza de carne de pecado y a causa del pecado, condenó al pecado en la carne; para que la justicia de la ley se cumpliese en nosotros, que no andamos conforme a la carne, sino conforme al Espíritu.

Porque los que son de la carne piensan en las cosas de la carne; pero los que son del Espíritu, en las cosas del Espíritu. Porque el ocuparse de la carne es muerte, pero el ocuparse del Espíritu es vida y paz. Por cuanto los designios de la carne son enemistad contra Dios; porque no se sujetan a la ley de Dios, ni tampoco pueden; y los que viven según la carne no pueden agradar a Dios. Mas vosotros no vivís según la carne, sino según el Espíritu, si es que el Espíritu de Dios mora en vosotros. Y si alguno no tiene el

Espíritu de Cristo, no es de él. Pero si Cristo está en vosotros, el cuerpo en verdad está muerto a causa del pecado, mas el espíritu vive a causa de la justicia. Y si el Espíritu de aquel que levantó de los muertos a Jesús mora en vosotros, el que levantó de los muertos a Cristo Jesús vivificará también vuestros cuerpos mortales por su Espíritu que mora en vosotros.

Así que, hermanos, deudores somos, no a la carne, para que vivamos conforme a la carne; porque si vivís conforme a la carne, moriréis; mas si por el Espíritu hacéis morir las obras de la carne, viviréis. Porque todos los que son guiados por el Espíritu de Dios, éstos son hijos de Dios. Pues no habéis recibido el espíritu de esclavitud para estar otra vez en temor, sino que habéis recibido el espíritu de adopción, por el cual clamamos: ¡Abba, Padre! El Espíritu mismo da testimonio a nuestro espíritu, de que somos hijos de Dios. Y si hijos, también herederos; herederos de Dios y coherederos con Cristo, si es que padecemos juntamente con él, para que juntamente con él seamos glorificados. Pues tengo por cierto que las aflicciones del tiempo presente no son comparables con la gloria venidera que en nosotros ha de manifestarse.

Porque el anhelo ardiente de la creación es el aguardar la manifestación de los hijos de Dios. Porque la creación fue sujetada a vanidad, no por su propia voluntad, sino por causa del que la sujetó en esperanza; porque también la creación misma será libertada de la esclavitud de corrupción, a la libertad gloriosa de los hijos de Dios. ; Porque sabemos que toda la creación gime a una, y a una está con dolores de parto hasta ahora; y no sólo ella, sino que también nosotros mismos, que tenemos las primicias del Espíritu, nosotros también gemimos dentro de nosotros mismos, esperando la adopción, la redención de nuestro cuerpo. Porque en esperanza fuimos salvos; pero la esperanza que se ve, no es esperanza; porque lo que alguno ve, ¿a qué esperarlo? Pero si esperamos lo que no vemos, con paciencia lo aguardamos.

Y de igual manera el Espíritu nos ayuda en nuestra debilidad; pues qué hemos de pedir como conviene, no lo sabemos, pero el Espíritu mismo intercede por nosotros con gemidos indecibles. Mas el que escudriña los corazones sabe cuál es la intención del Espíritu, porque conforme a la voluntad de Dios intercede por los santos. Y sabemos que a los que aman a Dios, todas las cosas les ayudan a bien, esto es, a los que conforme a su propósito son llamados. Porque a los que antes conoció, también los predestinó para que fuesen hechos conformes a la imagen de su Hijo, para que él sea el primogénito entre muchos hermanos.

Y a los que predestinó, a éstos también llamó; y a los que llamó, a éstos también justificó; y a los que justificó, a éstos también glorificó. ¿Qué, pues, diremos a esto? Si Dios es por nosotros, ¿quién contra nosotros? El que no escatimó ni a su propio Hijo, sino que lo entregó por todos nosotros, ¿cómo no nos dará también con él todas las cosas? ¿Quién acusará a los escogidos de Dios? Dios es el que justifica. ¿Quién es el que condenará? Cristo es el que murió; más aún, el que también resucitó, el que además está a la diestra de Dios, el que también intercede por nosotros. ¿Quién nos separará del amor de Cristo? ¿Tribulación, o angustia, o persecución, o hambre, o desnudez, o peligro, o espada? Como está escrito: Por causa de ti somos muertos todo el tiempo; Somos contados como ovejas de matadero. Antes, en todas estas cosas somos más que vencedores por medio de aquel que nos amó. Por lo cual estoy seguro de que ni la muerte, ni la vida, ni ángeles, ni principados, ni potestades, ni lo presente, ni lo por venir, ni lo alto, ni lo profundo, ni ninguna otra cosa creada nos podrá separar del amor de Dios, que es en Cristo Jesús Señor nuestro, Amén.

Capítulo 5:

SANTIDAD A JEHOVÁ

La Santidad En Nuestras Vidas

Isaías 35: 8

Y habrá allí calzada y camino, y será llamado Camino de Santidad; no pasará inmundo por él, sino que él mismo estará con ellos; el que anduviere en este camino, por torpe que sea, no se extraviará.

La Santidad tiene gran parte de sus bases en la fe que Dios nos da como un regalo. La fe tiene como fundamento la palabra de Dios qué son todas las profecías y mandamientos que vienen escritos en la Biblia. A aquellos que somos predestinados o escogidos desde antes de la fundación del mundo, Dios nos permite tener a través del Espíritu Santo, mayor discernimiento de la palabra de Dios; es un regalo, por eso es que, a mucha gente por más que se le explique la Biblia o que la lea, no la entiende o no la cree, porque no tiene ese discernimiento.

Efesios 2: 5

Aun estando nosotros muertos en pecados, nos dio vida juntamente con Cristo (por gracia sois salvos).

Efesios 2: 8
Porque por gracia sois salvos por medio de la fe; y esto no de vosotros, pues es don de Dios;

Mateo 13: 15-16 (Isaías 6: 9-10, Lucas 10: 23-24)
Porque el corazón de este pueblo se ha engrosado, Y con los oídos oyen pesadamente, Y han cerrado sus ojos; Para que no vean con los ojos, Y oigan con los oídos, Y con el corazón entiendan, Y se conviertan, Y yo los sane.

Mateo 25: 29 (Marcos 4: 25, Lucas 8: 18, 19: 26)
Porque al que tiene, le será dado, y tendrá más; y al que no tiene, aun lo que tiene le será quitado.

Romanos 10: 17
Luego la fe es por el oír, y el oír, por la palabra de Dios.

1ª Corintios 1: 18
Porque la palabra de la cruz es locura á los que se pierden; pero a los que se salvan, esto es, a nosotros, es poder de Dios.

2ª Corintios 2: 17
Porque no somos como muchos, que medran falsificando la palabra de Dios, sino que con sinceridad, como de parte de Dios, y delante de Dios, hablamos en Cristo.

Isaías 1: 5
¿Por qué querréis ser castigados aún? ¿Todavía os rebelaréis? Toda cabeza está enferma, y todo corazón doliente.

Isaías 1: 11-18
¿Para qué me sirve, dice Jehová, la multitud de vuestros sacrificios? Hastiado estoy de holocaustos de carneros y de sebo de animales gordos; no quiero sangre de bueyes, ni de ovejas, ni de machos cabríos. ¿Quién demanda esto de vuestras manos, cuando venís a presentaros delante de mí para hollar mis atrios? No me traigáis más vana ofrenda; el incienso me es abominación; luna nueva y día de reposo, el convocar asambleas, no lo puedo sufrir; son iniquidad vuestras fiestas solemnes. Vuestras lunas nuevas y vuestras fiestas solemnes las tiene aborrecidas mi alma; me son gravosas; cansado estoy de soportarlas. Cuando extendáis vuestras manos, yo esconderé de vosotros mis ojos; asimismo cuando multipliquéis la oración, yo no oiré; llenas están de sangre vuestras manos. Lavaos y limpiaos; quitad la iniquidad de vuestras obras de delante de mis ojos; dejad de hacer lo malo; Aprended a hacer el bien; buscad el juicio, restituid al agraviado, haced justicia al huérfano, amparad a la viuda.
Venid luego, dice Jehová, y estemos a cuenta: si vuestros pecados fueren como la grana, como la nieve serán emblanquecidos; si fueren rojos como el carmesí, vendrán a ser como blanca lana. Si quisiereis y oyereis, comeréis el bien de la tierra.

Conozco a varias personas que tienen una falsa concepción de los que es la Salvación cristiana. He conocido a personas que se dicen cristianos y se juntan con gente del mismo tipo (también supuestos cristianos) para emborracharse, que golpean a sus esposas, se insultan cuando se enojan, andan en adulterio o fornican, y cuando son enfrentados con su pecado, en lugar de pedir perdón y tratar de cambiar, se enojan y no entienden lo desviados que andan.

¿Cómo le puedes decir a una persona que está mal y lograr que realmente lo entienda de tal modo que corrija su actitud, si tú estás igual? Dios dijo que, en los últimos tiempos, Él va a acortar el tiempo de la venida del Señor porque la maldad va a ser tal, que hasta algunos de los Santos se perderán (debido a la persecución de la iglesia), y que las gentes dirán: "aquí está el Cristo" cuando no es cierto, pero algunos lo creerán y serán engañados, además consideremos que hay quienes distorsionan el mensaje de Salvación por dinero. También está profetizado que en los últimos tiempos las personas estarán hambrientas de la Palabra y, por lo visto, los falsos profetas saben del hambre que la gente tiene de la Palabra de Dios y le sacarán el mayor provecho posible.

Éxodo 28: 36-38
Harás además una lámina de oro fino, y grabarás en ella como grabadura de sello, SANTIDAD A JEHOVÁ. Y la pondrás con un cordón de azul, y estará sobre la mitra; por la parte delantera de la mitra estará. Y estará sobre la frente de Aarón, y llevará

Aarón las faltas cometidas en todas las cosas santas, que los hijos de Israel hubieren consagrado en todas sus santas ofrendas; y sobre su frente estará continuamente, para que obtengan gracia delante de Jehová.

A aquellos que pecan a pesar de haberles dicho que se pueden ir al infierno no les importa porque no han aceptado el sacrificio de Cristo, y ya leímos que no todos son escogidos para ser salvos. Por lo menos no son de los que, diciéndose cristianos, engañan a gente que no conoce de la salvación de Cristo. Estos no solo serán condenados por no haber aceptado nunca a Cristo sino también por hacer tropezar a otros.

Jeremías 2: 19
Tu maldad te castigará, y tus rebeldías te condenarán; sabe, pues, y ve cuán malo y amargo es el haber dejado tú dejar a Jehová tu Dios, y faltar mi temor en ti, dice el Señor, Jehová de los ejércitos.

La Biblia nos habla de que hay siete coronas que vamos a recibir como premio a nuestras acciones de obediencia a la palabra de Dios, las cuales veremos más adelante. Siempre he pensado que la corona que el Señor nos dará cuando estemos en su presencia, dirá "Santidad a Jehová". Dios nos dará un nombre cuando estemos con Él. Ya hemos hablado de su venida, del credo o la fe, y la Santidad es la causa de la convicción de estos puntos. ¿En que creemos? nuestro Dios es el mismo ayer, hoy, y por los siglos; tenemos que estar conscientes de que el mismo Dios que tenían los judíos, es el que está presente en nuestras vidas. Él está presente cuando tomas vino o drogas, cuando mientes o fornicas, etc. No es un Dios que podamos conectar y desconectar a nuestro antojo, Él es omnipresente (siempre presente) y, como dijo Pablo, si no estuviéramos seguros de esto, seriamos los más dignos de conmiseración. ¿Qué objetivo tiene tu vida? ¿Te has puesto a pensar a quien le sirves? ¿Para quién estas dando testimonio? ¿Qué testimonio le estás dando a tu familia, a tus seres amados y a aquellos que te importan? Jesús dijo que el que no es con Él, es contra Él ¿estás viviendo una vida de testimonio? Recuerda que nadie tiene la vida comprada.

No debes hacer planes para el mañana porque tienes que empezar a trabajar para Cristo; hay millones de personas que se pierden por falsas profecías, malos principios, desidia o ignorancia; ellos necesitan de ti y de tu testimonio. Millones se perderán porque no todos reciben el regalo de Dios, no todos están predestinados (no por designio de Dios más bien por el albedrio de cada persona). Recuérdalo, pero sobre todo, recuerda que Dios nos dice que nos separemos de los que se dicen cristianos y andan en pecado, que con los tales ni aún hablemos.

Te diré que, si no estás seguro de que Dios está todo el tiempo en tu vida, Él está viendo por encima de tu hombro para ver lo que estás haciendo, y así como le pedimos que nos ayude, también debemos tener un compromiso con Él. Cristo dijo: "toma tu cruz y sígueme" (esto es aplicable a todos los días del resto de nuestras vidas) y, si cumples con esto, Dios tiene para ti muchas promesas que está pronto a cumplir. La Palabra dice: "a los que aman a Dios, todas las cosas les ayudan a bien" y esas promesas las podemos hacer cumplir en nuestras vidas.

Si tú vives con engaños de tu pareja, relegado por tu familia o por tus compañeros de trabajo, en el olvido de tus seres amados o en desobediencia, lo peor que puedes hacer es alejarte de Dios. Renueva tus votos con Cristo si ya lo has aceptado como tu Salvador, y si nunca has aceptado la Salvación por la sangre de Cristo, ora, arrepiéntete de tus pecados, acepta el sacrificio de Cristo que entregó su vida para que tú fueras salvo, y entrégate a Él para que su Santo Espíritu venga a morar en tu vida y en tu cuerpo, pide Santidad para tu vida, sé valiente y prepárate para traer a otros a los pies de Cristo; tal vez sigas sufriendo y padeciendo, pero la Paz, que sólo Dios puede dar, vendrá a tu vida.

Juan 3: 16
Porque de tal manera amó Dios al mundo, que ha dado a su Hijo unigénito, para que todo aquel que en él cree, no se pierda, mas tenga vida eterna.

Hebreos 10: 10-17
En esa voluntad somos santificados mediante la ofrenda del cuerpo de Jesucristo hecha una vez para siempre. Y ciertamente todo sacerdote está día tras día ministrando y ofreciendo muchas veces los mismos sacrificios, que nunca pueden quitar los pecados; Pero Cristo, habiendo ofrecido una vez para siempre un solo sacrificio por los pecados, se ha sentado a la diestra de Dios, de ahí en adelante esperando hasta que sus enemigos sean puestos por estrado de sus pies; porque con una sola ofrenda hizo perfectos para siempre a los santificados. Y nos atestigua lo mismo el Espíritu Santo; porque después de haber dicho: Este es el pacto que haré con ellos Después de aquellos días, dice el Señor: Pondré mis leyes en sus corazones, Y en sus mentes las escribiré, y añade: Y nunca más me acordaré de sus pecados y transgresiones.

Pídele a Dios que te fortalezca a través su Santo Espíritu, que limpie tu vida y que te de fuerzas para superar y salir de las trampas que está poniendo Satanás en tu vida. Sólo Dios puede ayudarte, no creas que por tus propias fuerzas puedes salir adelante, sólo Él puede hacer posible lo imposible.

Estos son algunos de los tipos de coronas que el Señor tiene preparados para sus hijos:

LAS CORONAS

1. - 1ª Corintios 9: 25-27 (CORONA INCORRUPTIBLE).
2. - Apocalipsis 2: 10 (CORONA DE VIDA).
3. - 2ª Timoteo 4: 8 (CORONA DE JUSTICIA).
4. - 1ª Pedro 5: 2-4 (CORONA DE GLORIA).
5. - 1ª Tesalonicenses 2: 19 (CORONA DE GOZO).
6. - Apocalipsis 7: 2-3, 22: 4 (CORONA DE IDENTIDAD).
7. - Apocalipsis 3: 11 (CORONA DE VENCEDOR).

Santiago 4: 7-10
Someteos pues a Dios; resistid al diablo, y huirá de vosotros. Acercaos a Dios, y él se

acercará a vosotros. Pecadores, limpiad las manos; y vosotros de doblado ánimo, purificad vuestros corazones. Afligíos, y lamentad, y llorad. Vuestra risa se convierta en lloro, y vuestro gozo en tristeza. Humillaos delante del Señor, y él os exaltará.

Puede ser que pierdas la Salvación o puede ser que nunca la hayas aceptado con plena conciencia; pienso que no es fácil saber si realmente aceptaste a Cristo y lo tienes en tu corazón. A pesar de que la Biblia habla mucho de lloro y crujir de dientes, hay muchos textos bíblicos que hablan del amor de Dios y sólo tenemos que esforzarnos y ponernos en manos de Dios para disfrutar de ese amor; se puede decir que todos fallamos y pecamos, aun siendo salvos, pero si no hay arrepentimiento y un propósito de cambiar esa situación de pecado, podríamos cuestionarnos, como lo dije antes, si realmente aceptamos el sacrificio de Cristo con plena conciencia de lo que eso significa en nuestras vidas, o si queremos entender la salvación a nuestra conveniencia.

Lucas 13: 24-30
Esforzaos a entrar por la puerta angosta; porque os digo que muchos procurarán entrar, y no podrán. Después que el padre de familia se haya levantado y cerrado la puerta, y estando fuera empecéis a llamar a la puerta, diciendo: Señor, Señor, ábrenos, él respondiendo os dirá: No sé de dónde sois. Entonces comenzaréis a decir: Delante de ti hemos comido y bebido, y en nuestras plazas enseñaste. Pero os dirá: Os digo que no sé de dónde sois; apartaos de mí todos vosotros, hacedores de maldad. Allí será el llanto y el crujir de dientes, cuando veáis a Abraham, a Isaac, a Jacob y a todos los profetas en el reino de Dios, y vosotros estéis excluidos. Porque vendrán del oriente y del occidente, del norte y del sur, y se sentarán a la mesa en el reino de Dios. Y he aquí hay postreros que serán primeros, y primeros que serán postreros.

Juan 4: 34
Jesús les dijo: Mi comida es que haga la voluntad del que me envió, y que acabe su obra

Efesios 5: 15-17
Mirad, pues, con diligencia cómo andéis, no como necios sino como sabios, aprovechando bien el tiempo, porque los días son malos. Por tanto, no seáis insensatos, sino entendidos de cuál sea la voluntad del Señor.

Los objetivos que tengas para tu vida, ya sean espirituales, físicos, vocacionales, de crecimiento personal, social, salud, etc. , todos tienen cabida en Cristo y debemos tener presente que Dios siempre está junto a nosotros para guiarnos; tal vez seremos objeto de burlas de la gente del mundo porque para ellos nuestra fe es locura; aún nuestros seres queridos, sean cristianos o no, pueden burlarse de nosotros, pero lo que no podemos perder de vista es que nuestra relación con Dios es personal; no importa en qué condición te encuentres, no permitas que un sentimiento de culpa te aleje de tu relación con Dios. Nadie es perfecto y nuestro ejemplo a seguir es Jesús y Él es nuestro Salvador, el único Santo.

Si leemos con detenimiento las Escrituras, veremos que dicen que podemos pedir los deseos de nuestro corazón y ser prosperados como los patriarcas de los judíos, pero también podemos trabajar para el Evangelio mundial, aunque esto puede ser sufrido y martirizado; es una elección nuestra, pero todas estas opciones sólo se dan cuando estamos en una relación con Dios, haciendo su voluntad y si nuestros objetivos están alineados con los de Él.

Dios ha condenado la idolatría de Israel y su desobediencia desde la antigüedad (ver Isaías 66) y lo mismo hace con nosotros actualmente, y también Dios menciona cómo nosotros decimos que algo malo es bueno, engañándonos a nosotros mismos, para hacer conforme a nuestra voluntad. Cualquier vicio que tengamos puede considerarse una idolatría delante de Dios ya que nos rendimos ante ese vicio lo llamamos bueno cuando en realidad es malo y nos hace daño, llámese drogadicción, alcoholismo, pornografía, tabaquismo, blasfemias, chismes, mentiras, envidias, lascivias, deudas, etc. En principio, el engaño es ocasionado por una actitud permisiva que, en ocasiones, hace que nos sea fácil aceptar una copa, un cigarro, o echar una miradita incorrecta, pero con el tiempo, esto se vuelve una necesidad que llegamos a justificar porque pensamos que ese mal sólo nos afectará a nosotros y que realmente no es tan malo; el problema es que olvidamos que a Dios no le agrada esta conducta porque somos morada del Espíritu Santo, y el Espíritu es una Deidad (la tercera persona de Dios) que siempre está con nosotros en el lugar de Cristo Jesús, para instruirnos y ayudarnos a vencer el mal.

El capítulo 66 de Isaías nos dice cómo el Señor profetizó el castigo del pueblo judío por su idolatría y cómo lo perdonaría y lo redimiría de sus pecados, los reuniría nuevamente después de esparcirlos por las naciones y, finalmente, se manifestaría a las naciones como el Dios de los Judíos en el Armagedón.

Nosotros no debemos emitir un juicio sobre nuestros hermanos en Cristo por sus errores, y tampoco sobre nuestros enemigos; lo que debemos hacer es orar por ellos, por su Salvación y, si después de varios intentos, no aceptan el sacrificio de Cristo y no quieren cambiar sus vidas, entonces seremos libres del compromiso de sociabilizar con ellos. Hay gente que intentan vivir en Santidad, pero por dentro están llenos de maldad y engaño, con los tales ni os juntéis dice la Biblia; se refiere a los sensuales, a los que no dominan su carne, porque la debilidad de la carne es la que conduce a casi todos los males y necesitan aprender que esto se combate fortaleciéndose en oración, teniendo una comunión con nuestro Dios y teniendo acceso directo al Lugar Santísimo por medio de nuestro Señor Jesucristo.

Judas 1: 17-23
Pero vosotros, amados, tened memoria de las palabras que antes fueron dichas por los apóstoles de nuestro Señor Jesucristo; los que os decían: En el postrer tiempo habrá burladores, que andarán según sus malvados deseos. Estos son los que causan divisiones; los sensuales, que no tienen al Espíritu. Pero vosotros, amados, edificándoos sobre vuestra santísima fe, orando en el Espíritu Santo, conservaos en el amor de Dios, esperando la misericordia de nuestro Señor Jesucristo para vida eterna. A algunos que dudan, convencedlos. A otros salvad, arrebatándolos del fuego; y de otros tened misericordia con temor, aborreciendo aun la ropa contaminada por su carne.

Eclesiastés 8: 5

El que guarda el mandamiento no experimentará mal; y el corazón del sabio discierne el tiempo y el juicio.

Apocalipsis. 22: 10-11
Y me dijo: No selles las palabras de la profecía de este libro, porque el tiempo está cerca. El que es injusto, sea injusto todavía; y el que es inmundo, sea inmundo todavía; y el que es justo, practique la justicia todavía; y el que es santo, santifíquese todavía.

Apocalipsis. 21: 8
Pero los cobardes e incrédulos, los abominables y homicidas, los fornicarios y hechiceros, los idólatras y todos los mentirosos tendrán su parte en el lago que arde con fuego y azufre, que es la muerte segunda.

Apocalipsis. 21: 27
No entrará en ella ninguna cosa inmunda, o que hace abominación y mentira, sino solamente los que están inscritos en el libro de la vida del Cordero.

Juan 17: 16-19
No son del mundo, como tampoco yo soy del mundo. Santifícalos en tu verdad; tu palabra es verdad. Como tú me enviaste al mundo, así yo los he enviado al mundo. Y por ellos yo me santifico a mí mismo, para que también ellos sean santificados en la verdad.

Apocalipsis. 3: 11
He aquí, yo vengo pronto; retén lo que tienes, para que ninguno tome tu corona.

La Salvación será malversada por gente falsa que pretende sacar el mayor lucro posible de la gente que esté hambrienta de la Palabra de Dios, pero recibirán su pago en el infierno por la eternidad; los piadosos estarán liberándose gradualmente, o de tajo, de la tentación, pero lo importante es que los engañados también tendrán un castigo eterno ya que, como lo vemos más adelante, en los siguientes versículos, el que es vencido por algo, es esclavo de lo que lo venció. Si nos damos cuenta de algo malo que hacemos y tenemos la intención de dejarlo pero no lo dejamos porque es una pequeña mentira o porque estamos engañados y pensamos que con hacer eso que le desagrada a Dios no le hacemos daño a nadie, y decidimos ignorar que nosotros somos el templo del Espíritu Santo, tendremos un castigo si continuamos en el pecado o haciendo algo malo. En 2ª Pedro 2: 21 dice que, por cuanto se conoce la Palabra y no hacemos lo correcto, el juicio es mayor.

Oseas 4: 6
Mi pueblo fue destruido, porque le faltó conocimiento. Por cuanto desechaste el conocimiento, yo te echaré del sacerdocio; y porque olvidaste la ley de tu Dios, también yo me olvidaré de tus hijos.

2ª Pedro 2: 1-22
Pero hubo también falsos profetas entre el pueblo, como habrá entre vosotros falsos maestros, que introducirán encubiertamente herejías destructoras, y aun negarán al

Señor que los rescató, atrayendo sobre sí mismos destrucción repentina. Y muchos seguirán sus disoluciones, por causa de los cuales el camino de la verdad será blasfemado, y por avaricia harán mercadería de vosotros con palabras fingidas. Sobre los tales ya de largo tiempo la condenación no se tarda, y su perdición no se duerme. Porque si Dios no perdonó a los ángeles que pecaron, sino que arrojándolos al infierno los entregó a prisiones de oscuridad, para ser reservados al juicio; y si no perdonó al mundo antiguo, sino que guardó a Noé, pregonero de justicia, con otras siete personas, trayendo el diluvio sobre el mundo de los impíos; Y si condenó por destrucción a las ciudades de Sodoma y de Gomorra, reduciéndolas a ceniza y poniéndolas de ejemplo a los que habían de vivir impíamente, y libró al justo Lot, abrumado por la nefanda conducta de los malvados(porque este justo, que moraba entre ellos, afligía cada día su alma justa, viendo y oyendo los hechos inicuos de ellos), sabe el Señor librar de tentación a los piadosos, y reservar a los injustos para ser castigados en el día del juicio; y mayormente a aquellos que, siguiendo la carne, andan en concupiscencia e inmundicia, y desprecian el señorío. Atrevidos y contumaces, no temen decir mal de las potestades superiores, mientras que los ángeles, que son mayores en fuerza y en potencia, no pronuncian juicio de maldición contra ellas delante del Señor. Pero éstos, hablando mal de cosas que no entienden, como animales irracionales, nacidos para presa y destrucción, perecerán en su propia perdición, recibiendo el galardón de su injusticia, ya que tienen por delicia el gozar de deleites cada día. Estos son inmundicias y manchas, quienes aún mientras comen con vosotros, se recrean en sus errores. Tienen los ojos llenos de adulterio, no se sacian de pecar, seducen a las almas inconstantes, tienen el corazón habituado a la codicia, y son hijos de maldición. Han dejado el camino recto, y se han extraviado siguiendo el camino de Balaam hijo de Beor, el cual amó el premio de la maldad, y fue reprendido por su iniquidad; pues una muda bestia de carga, hablando con voz de hombre, refrenó la locura del profeta. Estos son fuentes sin agua, y nubes empujadas por la tormenta; para los cuales la más densa oscuridad está reservada para siempre. Pues hablando palabras infladas y vanas, seducen con concupiscencias de la carne y disoluciones a los que verdaderamente habían huido de los que viven en error. Les prometen libertad, y son ellos mismos esclavos de corrupción. Porque el que es vencido por alguno es hecho esclavo del que lo venció. Ciertamente, si habiéndose ellos escapado de las contaminaciones del mundo, por el conocimiento del Señor y Salvador Jesucristo, enredándose otra vez en ellas son vencidos, su postrer estado viene a ser peor que el primero. Porque mejor les hubiera sido no haber conocido el camino de la justicia, que después de haberlo conocido, volverse atrás del Santo mandamiento que les fue dado. Pero les ha acontecido lo del verdadero proverbio: El perro vuelve a su vómito, y la puerca lavada a revolcarse en el cieno.

Luego continua con la venida de nuestro Señor Jesucristo, con cielos encendidos y con gran estruendo (cielos oscurecidos y el Gran Terremoto); luego entonces hay que estar en Santidad para ser tenidos por dignos de ser llevados con el Señor.

2ª Pedro 3: 1-18
Amados, esta es la segunda carta que os escribo, y en ambas despierto con exhortación vuestro limpio entendimiento, para que tengáis memoria de las palabras que antes han sido dichas por los santos profetas, y del mandamiento del Señor y Salvador dado por

vuestros apóstoles; sabiendo primero esto, que en los postreros días vendrán burladores, andando según sus propias concupiscencias, y diciendo: ¿Dónde está la promesa de su advenimiento? Porque desde el día en que los padres durmieron, todas las cosas permanecen así como desde el principio de la creación. Estos ignoran voluntariamente, que en el tiempo antiguo fueron hechos por la palabra de Dios los cielos, y también la tierra, que proviene del agua y por el agua subsiste, por lo cual el mundo de entonces pereció anegado en agua; pero los cielos y la tierra que existen ahora, están reservados por la misma palabra, guardados para el fuego en el día del juicio y de la perdición de los hombres impíos. Más, oh amados, no ignoréis esto: que para con el Señor un día es como mil años, y mil años como un día. El Señor no retarda su promesa, según algunos la tienen por tardanza, sino que es paciente para con nosotros, no queriendo que ninguno perezca, sino que todos procedan al arrepentimiento. Pero el día del Señor vendrá como ladrón en la noche; en el cual los cielos pasarán con grande estruendo, y los elementos ardiendo serán deshechos, y la tierra y las obras que en ella hay serán quemadas. Puesto que todas estas cosas han de ser deshechas, ¡cómo no debéis vosotros andar en santa y piadosa manera de vivir, esperando y apresurándoos para la venida del día de Dios, en el cual los cielos, encendiéndose, serán deshechos, y los elementos, siendo quemados, se fundirán! Pero nosotros esperamos, según sus promesas, cielos nuevos y tierra nueva, en los cuales mora la justicia. Por lo cual, oh amados, estando en espera de estas cosas, procurad con diligencia ser hallados por él sin mancha e irreprensibles, en paz. Y tened entendido que la paciencia de nuestro Señor es para Salvación; como también nuestro amado hermano Pablo, según la sabiduría que le ha sido dada, os ha escrito, casi en todas sus epístolas, hablando en ellas de estas cosas; entre las cuales hay algunas difíciles de entender, las cuales los indoctos e inconstantes tuercen, como también las otras Escrituras, para su propia perdición. Así que vosotros, oh amados, sabiéndolo de antemano, guardaos, no sea que arrastrados por el error de los inicuos, caigáis de vuestra firmeza. Antes bien, creced en la gracia y el conocimiento de nuestro Señor y Salvador Jesucristo. A él sea gloria ahora y hasta el día de la eternidad. Amén.

Gran parte de las profecías han sido descritas a través de la historia de la Biblia, al hablar de la historia de la Biblia También estamos hablando del pueblo de Israel, la historia universal constata que todas las historias Bíblicas que se ha narrado en diferentes momentos y culturas, y que conocían de los hechos que se habían profetizado dentro del pueblo judío se había llegado a cumplir. Así como también existe una evidencia de que después de salir de Egipto estuvieron vagando durante más de 40 años alrededor del desierto, pero los hechos extraordinarios con los cuales fueron llevados de un lado a otro y que fueron descritos en el transcurso del libro son situaciones que nos permiten conocer que en un momento dado la historia del pueblo judío no ha sido inventada, más bien, como lo comentamos en alguna ocasión la Biblia viene a ser un libro de derecho civil, de historia y de religión para el pueblo judío, que marca las normas sobre las cuales ha vivido, fundamentadas en aquellas historias que le han dado validez y fortaleza a la fe del pueblo judío, constatando que siempre han estado bajo el cuidado de un Dios Real.

Aclarando el concepto podemos decir que gran parte de la historia una vez cotejada entre las diferentes naciones permite que nosotros podamos tener esa misma fe que está siendo comprobada a través de las profecías que se cumplieron cuando estaba profetizado que el pueblo judío por su idolatría iba a ser conquistado y también aquellas profecías en las cuales estaba esclavo el pueblo en el interior de Egipto y que ese pueblo iba a ser llevado a través del desierto para cumplir el propósito de conquistar una nueva tierra. Entonces podemos decir qué las historias y profecías plasmadas en la Biblia judía Y qué ha sido transcritas a diferentes idiomas o traducida diferentes idiomas nos han permitido conocer a un Dios universal verdadero qué ha sido el mismo desde la creación del Universo hasta cuando seamos reunidos juntamente con Él y que todos estos hechos nos han permitido creer o tener fe, No nada más es el Dios del pueblo judío, es el Dios de todos nosotros después de haber visto las diferentes maravillas que se hicieron cumpliendo la palabra (o profecías), las promesas que Dios había dado a su pueblo por ejemplo tenemos la salida de Egipto, con sus plagas, cuando el mar rojo fue abierto, el sustento que tuvieron durante 40 años de pan y en alguna ocasión de carne, así como haber salido de la esclavitud del ejército más poderoso de aquellos tiempos, etc., Todos esos hechos, junto con los hechos que han confirmado Las profecías actuales como que en 1948 Israel haya sido considerada una nación libre e independiente en un solo día; Nos permite tener Esperanza y ver que las profecías que hablan de un futuro cercano también van a ser correctas y exactas, y nos permiten confiar también de que se cumpla la construcción del Tercer templo y después de los siguientes 7 años aproximadamente venga el día de la ira de Dios y la venida del Señor Jesucristo.

 Las Profecías que estuvieron viviendo en el pueblo judío en su momento sufriendo las consecuencias de su desobediencia y de su incredulidad, de tal manera que cuando el pueblo judío da testimonio a través de su historia y a través de los escritos de que Ellos tenían en su religión un Dios que quiere que toda la humanidad le conozca y le sirva o le glorifique, podemos decir qué es un testimonio que tiene mucha fuerza y que permite a la persona fuera de la ciudadanía Judía conocer los diferentes acontecimientos y profecías que se han estado cumpliendo y nos permite conocer y obtener Fe de qué podemos tener ese mismo Dios y tener una relación con Él.

La fe como lo leímos " viene por el oír y el oír por la palabra de Dios", cuando hemos entrado al detalle de los escritos de La Biblia de su historia de sus profecías y como se ha cumplido todo al pie de la letra eso ha permitido que nosotros entremos en una dimensión o en un conocimiento que permite que nosotros podamos aceptar la existencia de un Dios verdadero, el mismo Dios de los judíos, por otra parte, la fe como decíamos es creer en aquello que no se ve y tener esperanza de que se cumpla lo que está prometido, es importante la promesa porque si nosotros aceptamos el sacrificio de Cristo nosotros tendremos vida eterna juntamente con él y quiero hacer una aclaración, al hablar de vida eterna es una vida en un nuevo cuerpo sin carencias mi necesidades, qué va a vivir eternamente, sin embargo, esta promesa solo existe para la gente qué cree en Cristo como su Salvador y trata de llevar una vida de obediencia, así como también existe la vida eterna de castigo, no es una amenaza, es una reflexión respecto a lo que puede perder realmente, si una persona fuera obediente, aún cuando la resurrección no fuera real o lo que está escrito en la Biblia, no se habría perdido nada, pero si todo lo que está escrito es real lo que le esperaría a esa persona que estuvo en desobediencia es un castigo eterno porque así está escrito, sin embargo se ha visto a través del tiempo a través de este libro Y a través de diferentes libros que no es una equivocación, efectivamente si las profecías se han estado cumpliendo al pie de la letra Podemos esperar que todas las profecías que hablan de la vida eterna, de la venida del Señor Jesucristo y de una gran muerte global, por los acontecimientos como, terremotos universales y otras cosas, donde todo se va a cumplir al pie de la letra, Entonces ese es el principio de la fe.

Se puede decir qué al tener este principio de la fe basada en el conocimiento de una historia universal constatada por diferentes países o ciudades o etnias en diferentes momentos de la historia de la humanidad, Pues eso hace pensar que sin lugar a dudas es un Dios verdadero y muchas veces la gente ignora y por eso no puede creer, porque no conoce al detalle La Biblia, nunca se toma el tiempo para poder leerla, analizar o estudiar, Entonces es obvio que como no conocen, no tienen esa fe. Estos libros están hechos para llevar al lector de la mano para que puedan llegar a un conocimiento más extenso de la verdad, Entonces lo otro que queda es detallar qué es el Credo, son las diferentes aseveraciones que tiene la fe en diferentes aspectos específicos de la Biblia, por eso es que diferentes religiones tienen diferentes credos, Pero bueno basándonos en un credo correcto diríamos que la Biblia de acuerdo a lo que hemos estado leyendo solamente habla de tener fe en Dios como padre y creador, el único Dios verdadero, la fe en Jesucristo, que es el único que puede dar salvación y que fue resucitado, la unción del Espíritu Santo o el espíritu santo de Dios (la 3a. Persona de la Trinidad), que el Espíritu Santo resucitó a Cristo de los muertos al tercer día y que resucita a todo aquel que en Él crea, Esas son las tres bases primordiales del credo, en la biblia está detallado el hecho de que Cristo haya nacido, fue probado, muerto y resucitado y que esté en la presencia de Dios, al resucitar vivió más de 40 días con los apóstoles (en carne), es un hecho que habla de que también estaba profetizado y también se cumplió, parte queda las profecías que faltan por cumplir del credo es que vamos a esperar su segunda venida para que nosotros podamos resucitar juntamente con él y estar en la presencia de Dios.

Las profecías que faltan por cumplirse en nuestros tiempos es la construcción del tercer templo y restaurar el continuo sacrificio después de eso viene la gran abominación, después la gran tribulación y al final de La gran Tribulación, que solamente va a durar unos meses, viene la venida del Señor Jesucristo, y viene, al mismo tiempo, el día de la ira de Dios, porque los dos hechos se manifiestan con las mismas señales; y viene El Mesías como Ladrón de Noche poco más de 7 años después de empezado el continuo sacrificio (cuando empieza la última semana de Daniel); y, entonces, los que están muertos y vivos serán resucitados para vivir eternamente en la gloria o en condenación, yo no lo digo por mi voluntad así está escrito en las profecías bíblicas.

¿Quiénes van a estar en la presencia de Dios cuando estos hechos sucedan? lo analizamos a detalle y hemos visto que aquellos que aceptaron el sacrificio de Cristo reconociendo que a través de su sangre Nosotros somos limpios de pecados y también Que Dios es el padre de Jesucristo y que son la misma persona, nos hace tener una relación Más directa con Dios y con el señor Jesucristo y el Espíritu Santo por reconocer y entender en gran manera la palabra de Dios y lo que quiere para nuestras vidas y así poder obedecer y estar en santidad y de misericordia por nuestro prójimo y de tener una relación con Dios.

Espero que el libro haya estimulado su fe y dado los fundamentos suficientes como para que ustedes tomen decisiones en su vida que sean importantes y los lleve a tener una relación con ese Dios de que hemos estado hablando.

Gracias Espero que les haya gustado este libro, Dios les bendiga.

Amén.